Paul Watzlawick

GEBRAUCHS ANWEISUNG
für

Amerika

DER KLASSIKER

Mit acht Zeichnungen
von Magi Wechsler

Piper München Zürich

O8-AVH-170

Mehr über unsere Autoren und Bücher:
www.piper.de

ISBN 978-3-492-27575-0
Neuausgabe 2008
basierend auf der überarbeiteten Neuausgabe 2002
© Piper Verlag GmbH, München 1978
Gesamtherstellung: CPI – Clausen & Bosse, Leck
Printed in Germany

Inhalt

Lieber Leser,

wer weiß, wann und warum dieses Buch in Ihre
Hände kam. Vielleicht liegt Ihre Amerikareise noch in
der Zukunft; vielleicht aber kennen Sie die Vereinigten Staaten schon längst und möchten nur kritisch
prüfen, was ein anderer Pendler zwischen der Alten
und der Neuen Welt über jenen alle europäischen
Maßstäbe sprengenden Kontinent zu sagen hat.

Wir wollen aber der Einfachheit halber annehmen,
daß Sie zum erstenmal im Flugzeug nach New York
sitzen. Die Stewardeß hat Ihnen soeben die Formulare
der Einwanderungs- und der Zollbehörde zum Ausfüllen überreicht, und Sie wundern sich vielleicht
besonders über den tierischen Ernst der Zollerklärung. Haben Sie Früchte, Gemüse, staatsgefährdende
Würste oder gar mehr als 10 000 Dollar bei sich? Neue
oder sogar kürzlich reparierte Effekten im Werte von
über hundert Dollar? Waren Sie oder Ihre mitreisen-

den Familienangehörigen in den letzten dreißig Tagen auf einer Farm oder Ranch außerhalb der USA? Und erst jetzt erinnern Sie sich an dieses Buch, das Ihnen ein wohlmeinender Freund noch rasch als zusätzlichen, unerwünschten Reiseballast zugesteckt haben mag, und Sie fragen sich, ob es seinem Titel wenigstens teilweise gerecht werden und Ihnen als Gebrauchsanweisung für das Neue dienen kann, in das Sie in wenigen Stunden eintreten werden. Ich hoffe es.

Zur unübersehbaren Literatur über Amerika möchte dieses Buch nur einen kleinen, *praktischen* Beitrag leisten, indem es gewisse Facetten des amerikanischen Alltagslebens aufzeigt, die der Europäer nicht notwendigerweise bereits kennt oder auch nur erwartet, obwohl so manche dieser Facetten sich bereits auch in Europa zu zeigen beginnen.

Das Buch kann natürlich nicht vollständig sein; Sie werden darin so manches Ihnen persönlich wichtig Erscheinende vermissen, und nicht selten dürfte der von Ihnen festgestellte Einzelfall dem hier allgemein Beschriebenen widersprechen. Diese Unvollkommenheiten aber liegen in der Natur jeder allgemeinen Beschreibung. Und dazu noch ein weiterer Hinweis: Wo immer vom »Durchschnittsamerikaner« die Rede sein wird, handelt es sich um eine Abstraktion, die als solche ebensowenig in Fleisch und Blut existiert wie der Durchschnittseuropäer.

Seit der ersten Auflage 1978 ist dieses Buch immer

wieder in neuer Gestalt und aktualisiert erschienen. Diese Neuauflage wurde stärker verändert als die vorherigen. Einige Beispiele, die aus der Zeit der ersten Auflage stammen, wurden trotzdem übernommen, da sie immer noch gut und gültig sind.

Amerika – Traum oder nichts?

> America ... a design for the whole human race, the last and greatest of all human dreams – or nothing.
>
> *Francis Scott K. Fitzgerald*

Es dürfte kaum übertrieben sein zu sagen, daß sich im Erleben Amerikas für jeden Europäer in einem kleinen, persönlichen Maßstabe eines der beiden konträren Leitmotive der geschichtlichen Auseinandersetzung Europas mit der Neuen Welt wiederholt. Sie selbst, lieber Leser, werden wahrscheinlich keine Ausnahme sein.

Als Kolumbus 1492 in Hispaniola landete, war er überzeugt, vom Osten her – also in westlicher Richtung – an Asien herangekommen zu sein und damit die Richtigkeit seines Weltbildes praktisch bewiesen zu haben. Und obwohl es damals schon klar war, daß in diesem Falle entweder unser Erdball nur drei Viertel seines bereits errechneten Umfangs haben konnte oder die eurasische Landmasse fast doppelt so groß sein mußte, als man sie seit den Tagen Marco Polos kannte, erschütterten diese Widersprüche seine Überzeugung nicht im geringsten. Daran änderte sich für ihn auch dann nichts, als sich herausstellte, daß der neue Erdteil nicht nur nicht Westindien mit seinen fabelhaften Schätzen an Gold und Spezereien war, sondern im Gegenteil ein formidables *Hindernis* auf dem Weg dorthin, eine gänzlich unvorhergesehene Barriere größten Ausmaßes, im Vergleich zu deren Überwindung der Weg um das Kap der Guten Hoffnung bei weitem das kleinere Übel war. Und wie wir Menschen nun einmal veranlagt sind, »löste« er den Konflikt zwischen dem, was der Fall *war*, und dem, was seiner Überzeugung nach der Fall *zu sein hatte*, indem er die nackten Tatsachen auf dem Altare seines Wunschdenkens opferte. Damit aber wurde er zum Stammvater aller Amerikafahrer, die *a priori* wissen, daß sie auf der anderen Seite des Atlantiks das fabelhafte Neue finden werden, und die dank dieser sich selbst erfüllenden Prophezeiung schon in kürzester Zeit amerikanischer als die Amerikaner werden.

Auf Kolumbus' Euphorie folgte der Katzenjammer. Von Gold war (noch) keine Spur; der neue Erdteil war wüst und leer; und die edlen Wilden waren nicht so edel, wie sie – europäischer Erwartung nach – hätten sein sollen. »Die Existenz Amerikas«, schrieb der englische Literaturhistoriker Clive S. Lewis 1954 in seinem Werk *English Literature in the 16th Century,* »war eine der größten Enttäuschungen in der Geschichte Europas«, und umriß damit, was die andere Hälfte der Amerikafahrer erlebt.

An dieser europäischen Ambivalenz hat sich von der Entdeckung Amerikas bis in unsere Tage herein wenig geändert. Es ist das weitgehend unverschuldete Geschick der USA, von uns Europäern immer wieder in der unterschiedlichsten Art und Weise zum Ideal gemacht und sofort dann verdammt zu werden, wenn es unseren naiven Vorstellungen entweder überhaupt nicht entspricht oder auch nur ganz einfach anders ist, als es laut uns sein sollte. Amerika ist die große Projektion Europas, an der jeder von uns in der einen oder anderen Weise teilnimmt (und auf die – damit es gleich hier gesagt sei – die Amerikaner immer wieder bereitwillig hereinfallen, sei es als Moralprediger, als Utopisten à la Präsident Wilson oder Präsident Roosevelt, deren Kur schlimmer als die Krankheit ist, oder als Weltpolizisten); eine Projektion, die absurderweise gerade bei jenen Europäern am heftigsten und maßlosesten auszufallen pflegt, die die USA noch nie betreten haben.

Menschliche Konflikte sind eben wechselseitig. Die wirklich folgenschweren Fehlperspektiven, die das Zusammenleben der Nationen in irrationalster Weise vergiften können, sind ihrem Wesen nach von stereotyper Ähnlichkeit, werden aber immer »den anderen« angelastet. Ein Buch wie das vorliegende ließe sich genausogut aus amerikanischer Sicht über die Europäer schreiben: Die Franzosen sind undankbar, grundsätzlich antiamerikanisch und denken hauptsächlich an *l'amour.** Die Schweizer sind peinlich sauber, produ-

---

* Außerdem haben sie für amerikanische Begriffe sehr nebel-

zieren Schokolade und Kuckucksuhren und sind auf diese einfache Weise zu den berüchtigten Gnomen von Zürich geworden (der Ausdruck wurde allerdings meines Wissens von Londoner Bankiers geprägt). Jeder mir bekannte Witz über die Einfältigkeit und Langsamkeit der Friesen oder der Berner kursiert in den Staaten als Vignette »typisch polnischer« Eigenschaften. Wenn man als Österreicher weder Walzer tanzen noch Ski fahren kann, macht einen dies in amerikanischer Sicht geradezu seines Bürgerrechts verlustig. Die Italiener sind charmant, befassen sich mit der Herstellung von Pizza, Pasta und Panettone und kneifen Touristinnen selbst dann in den Popo, wenn sie mit Mafia-Aufträgen unterwegs sind. (Ungezwickt aus Italien zurückzukommen ist für so manche Amerikanerin ein traumatischer Beweis mangelnden Sex-Appeals.) Überhaupt nimmt man von Italienern, Spaniern und Lateinamerikanern an, daß sie alle Valentinos (*Latin Lovers*) sind; eine Erwartung, die schon manchem Latino zum Verhängnis wurde, da die Amerikanerin, die sexuell freier ist als ihre lateinischen

hafte Ideen über die Vereinigten Staaten. Wie der amerikanische Journalist Karnow, der Frankreich gut zu kennen behauptet, im *San Francisco Chronicle* vom 30. 1. 1979 schreibt, bilden sich die Franzosen ernsthaft ein, die USA wären ein viel vernünftigeres Land, wenn sie sich die Vorteile französischer Logik zunutze machten. Und Karnow wundert sich darüber, daß verschiedene seiner französischen Freunde und Bekannten von ihm erklärt haben wollten, warum Präsident Nixon gehen mußte, »nur« weil er »ein paar Fehler begangen hatte«.

Schwestern, sich nicht nur schmachtende Blicke, sondern überdurchschnittliche konkrete Leistungen erwartet. Aber auch das Gegenteil kann ihm passieren, nämlich daß er eben diese viel freiere Haltung der Amerikanerin als unverblümte Einladung mißversteht. Und der Deutsche? Seine »typischen« Eigenschaften sind in ein weitreichendes Prisma aufgespalten: Der nicht mehr ganz so zuverlässige, aber immer noch wichtigste Nato-Verbündete; der Phoenix, dem immer noch die Asche der neueren Vergangenheit anhaftet und der schon wieder marschiert; eine Nation, deren fast beunruhigende Produktivität und – wenn auch etwas angeschlagene – Prosperität den puritanischen Beweis des Wohlwollens Gottes erbringt, es gleichzeitig den Deutschen aber zur »Pflicht« macht, die Berg- und Talfahrten des Dollars zu finanzieren; der Deutsche, der nicht nur ein ausgeprägtes Pflichtgefühl besitzt, sondern darüber hinaus auch überpünktlich und sehr gewissenhaft ist. Gleichzeitig jedoch steht er für Biertrinken, Lederhosen, Heidelberg-Romantik und die Kuckucksuhr. Das Grundschema ist immer dasselbe: Je weniger man vom anderen weiß, desto überzeugter ist man, ihn zu kennen.

Und nun, bevor Sie sich anschnallen, Ihre Sitzlehne hochstellen und das Flugzeug zur Landung ansetzt, noch rasch ein Hinweis: Wo immer im folgenden von *Amerika* die Rede ist, sind damit die Vereinigten Staaten (und nicht auch Kanada und Lateinamerika) gemeint.

Ankunft

Der moderne Luftverkehr macht es schwierig, sich des Augenblicks bewußt zu werden, da man endlich den Fuß auf fremden Boden setzt. Das Flugzeug ist plötzlich Teil des Flughafengebäudes, die langen Korridore erweitern sich, und treppauf oder treppab erreichen Sie schließlich die Halle, in der sich die Förderbänder oder die Karusselle für das Gepäck und dahinter die seit 1986 kombinierten Schalter der Einwanderungsbehörde (*Immigration Service*) und des Zolls (*U.S. Customs Service*) befinden.

Zunächst also müssen Sie auf Ihr Gepäck warten. Es erscheint nach mehr oder weniger geraumer Zeit (falls es nicht irrtümlich nach Madagaskar oder Rejkjavik geschickt wurde). Hier gilt, nebenbei bemerkt, der biblische Grundsatz: die Ersten werden die Letzten sein – denn je früher Sie sich daheim zum Abflug einfanden, desto länger müssen Sie jetzt auf Ihre Koffer warten, da sie im tiefsten Bauch der Maschine verladen worden waren.

Prüfen Sie Ihr Gepäck sofort. Obwohl die Luftlinien es hartnäckig leugnen, besteht gar kein Zweifel, daß auf der ganzen Welt das Gepäckpersonal, ohne Rücksicht auf Alter, Nationalität, Hautfarbe und Religion, in einem streng geheimgehaltenen Lager auf seine aufopfernde Tätigkeit vorbereitet und in der rationellsten Vernichtung von Gepäckstücken geschult wird. Besondere Ehren winken dabei jenen Naturgenies, die es fertigbringen, selbst im widerstandsfähigsten Fiberglaskoffer die sorgsam in Wäsche eingebettete Kognakflasche oder Kristallvase zu brechen; weniger Begabte begnügen sich mit dem Abreißen der Griffe oder dem Absprengen der Schlösser.

Und nun, da Sie wiederum im Besitz Ihrer Koffer sind, halten Sie vermutlich Ausschau nach jenen dem europäischen Luftreisenden so vertrauten grünen Türen, durch die Sie das Flugplatzgebäude möglichst sang- und klanglos verlassen möchten. Ein bedauerlicher Irrtum: Jetzt beginnt das Anstellen vor den obenerwähnten Schaltern der Einreise- und Zollbehörde. Wenn Sie Pech haben, sind gerade vor Ihnen bereits zwei andere transatlantische Großraumflugzeuge angekommen, und die Schlangen vor diesen Kabinen sind lang. Da, dem Herdentriebe folgend, sich meist alle auf die nächstgelegenen Kabinen stürzen, ist die entfernteste Schlange meist die kürzeste. Vermeiden Sie es vor allem, sich vor den für amerikanische Staatsbürger oder das Flugpersonal reservierten Kabinen anzustellen; Ihre Wartezeit könnte sich verdoppeln, denn Sie müßten sich erneut an eine Schlange anschließen. Hüten Sie sich auch vor kinderreichen Familien oder Reisenden mit Schachteln und Körben, doch besonders vor langhaarigen, sandalentragenden, uneleganten jungen Leuten. Erstere halten die Abfertigung mit der Masse ihres umständlichen Gepäcks endlos auf; letztere haben zwar wenig bei sich, machen sich aber dank ihrer Kostümierung in der einfältigen Phantasie der Zollbeamten als potentielle Rauschgiftsüchtige oder Bombenwerfer suspekt.

Machen Sie sich auf jeden Fall auf eine lange Wartezeit gefaßt, dann können Sie höchstens angenehm überrascht werden. Was in diesem Zusammenhang »lange« sein kann, geht aus einer Zeitungsmeldung vom 11. Juni 1986 hervor, wonach damals der New Yorker Flughafen (John F. Kennedy) so überlastet war, daß ankommende Fluggäste bis zu vier Stunden bei 30 Grad Hitze warten mußten. Obwohl sich dies gebessert haben dürfte, kann ich Ihnen nur raten, New York, Boston, Chicago, Miami und Atlanta tunlichst zu meiden. Aber gerade diese fünf Städte sind eben die hauptsächlichen An- und Abflugpunkte der transatlantischen Luftlinien.

Woran dem Beamten am meisten gelegen zu sein scheint, ist, von Ihnen eine Adresse in den USA zu erhalten. Versuchen Sie nicht, ihm zu erklären, daß Sie nur eine Nacht in Ihrem ersten Hotel verbringen und dann irgendwohin weiterfahren werden. Sie würden ihm damit ein fast unlösbares Problem bereiten. Laut

Dienstvorschrift braucht er eine Adresse, irgendeine, und solange er sie nicht hat, wird er darauf bestehen und Sie nicht durchlassen. Also tun Sie ihm diesen Gefallen.

Auf die komplizierten Visum- und Einreisebestimmungen kann ich hier freilich nicht eingehen, um so mehr, als sie gelegentlich geändert werden. So wurde z.B. am 1. Juli 1989 die Visumpflicht für Touristen bundesdeutscher, britischer, französischer, italienischer, niederländischer, schwedischer und schweizerischer Staatsbürgerschaft aufgehoben, und dieselbe Erleichterung gilt seit 1. Oktober 1991 u.a. auch für Bürger aus Belgien, Dänemark, Finnland, Luxemburg, Norwegen, Island, Irland, Österreich, Liechtenstein, Portugal und Spanien, sofern man sich nicht länger als 90 Tage in den USA aufhält. Auf jeden Fall empfiehlt es sich, die diesbezüglichen Vorschriften bei den amerikanischen Konsulaten nachzuprüfen, denn wie auch in anderen Ländern bestimmt die Art des Visums, ob und wie oft man es im Lande verlängern kann, ob man beruflich tätig sein darf usw.* Eine Än-

---

* Der grimmige Ernst der Vorschriften des *Immigration and Naturalization Service* hat gelegentlich aber auch gewisse (zweifellos unbeabsichtigt) spaßige Seiten. So sind Sie zum Beispiel verpflichtet, dem Konsulatsbeamten anzugeben, ob u.a. folgende Probleme, Kategorien, Tätigkeiten, Absichten oder Krankheiten auf Sie zutreffen: Geistesschwäche; Wahnsinn (sowohl derzeit wie irgendwann in der Vergangenheit); Geisteskrankheit oder Homosexualität; Rauschgift oder Alkoholismus; gefährliche Ansteckungskrankheiten (TB, Aus-

derung des Visumstatus von einer Kategorie in eine andere ist im Inlande meines Wissens schwer, wenn überhaupt möglich. Dies müssen Tausende von jungen Leuten, die mit einem Studentenvisum einreisen und nach Abschluß ihres Studiums dann in den USA bleiben wollen, zu ihrem Leidwesen immer wieder erfahren. Der *Immigration Service* bleibt da ganz herzlos und macht keine Ausnahmen. Wenn man aber einmal ordnungsgemäß eingereist ist, stellt man mit angenehmer Überraschung fest, daß Meldungen bei der Fremdenpolizei, Aufenthalts- und befristete Arbeitsbewilligungen usw. unbekannte Begriffe sind (deren Bestehen in Europa andererseits viele ahnungslose Amerikaner in Schwierigkeiten mit den Behörden bringt). Als Ausländer (ob Besucher oder Ansässiger) ist man lediglich verpflichtet, jede Änderung des Wohnsitzes binnen zehn Tagen dem *Immigration Service* schriftlich mitzuteilen. Die ehemalige obligatorische Adreßmeldung im Januar jedes Jahres wurde 1982 abgeschafft.

Zusätzlich zu Ihrer Adresse in den USA wünscht der

satz, Syphilis, AIDS); ob Sie Betteln, Polygamie, Prostitution oder unmoralische Sexakte betreiben, für ein schweres Verbrechen verurteilt wurden oder ein solches begingen; ob Sie blinder Passagier, Rauschgifthändler, Analphabet, Kommunist, Anarchist sind oder die Vereinigten Staaten zum Zwecke der Verübung gewalttätiger oder extrem gewalttätiger Akte besuchen wollen.
Dieser insgesamt 33 Punkte enthaltenden Liste folgt der tröstliche Hinweis darauf, daß für eine Reihe dieser Komplikationen Ausnahmen gemacht werden können.

Beamte Auskunft darüber, was Sie an eventuell zollpflichtigen Gegenständen mit sich führen. Die amerikanischen Behörden sind fest davon überzeugt, daß die Zukunft, die Sicherheit und die Prosperität der USA von den zwanzig Kilo Effekten abhängen, die Sie als Passagier der Touristenklasse mitbringen. Und daher unterhalten sie den riesigen, kostspieligen Apparat, mit dem Sie es jetzt zu tun bekommen. Seit der Einführung der Großraumflugzeuge und dem damit verbundenen Ansturm von Reisenden fällt die Zollkontrolle allerdings immer symbolischer aus. Praktisch hat sie keinen Zweck mehr; zu ihrer Abschaffung hat man sich aber noch nicht entschlossen.

Schließlich wünscht der Beamte zu wissen, wieviel Bargeld und andere Zahlungsmittel Sie bei sich haben. Wie schon in der Einleitung erwähnt, liegt die Höchstgrenze derzeit bei zehntausend Dollar. Sollten Sie wirklich mehr haben und unbedingt korrekt vorgehen wollen, so gibt Ihnen der Beamte auf Verlangen ein Formular (*Customs Form 4790*), auf dem Sie Ihren Reichtum eintragen und, nebenbei bemerkt, so auch wieder ausführen können.

Wenn es Ihnen gelingt, den *Immigration Officer* von Ihrer Harmlosigkeit zu überzeugen, so stempelt er Ihren Paß und das Einreiseformular, steckt Ihre Zollerklärung in eine grünumrandete Plastikhülle und weist Sie an, der grünen Bodenmarkierung zum Ausgang der Zollhalle zu folgen, wo man Ihnen diese Hülle abnimmt und Sie endlich auf freien Fuß setzt.

Sollten sich dagegen irgendwelche zolltechnischen Probleme ergeben, so wird Ihre Zollerklärung in eine rotumrandete Plastikhülle gesteckt; Sie folgen dann der roten Bodenmarkierung zum eigentlichen Zollschalter.

Wie ebenfalls schon erwähnt, sind Gemüse, Früchte und Fleischwaren absolut tabu und werden Ihnen weggenommen.* Verkneifen Sie sich die naheliegende

---

* Die Liste der Dinge, deren Einfuhr verboten ist, ist allerdings wesentlich länger und entbehrt nicht eines gewissen exotischen Reizes: Absinth, biologisches Material, im Ausland hergestellte Raubdrucke amerikanischer Autoren, Likörbonbons, nicht vorschriftsgemäß als solche bezeichnete Nachprägungen von Goldmünzen, den Strahlungsbestimmungen unterworfene elektronische Geräte, viele Arten von Medikamenten, Feuerwaffen und Munition (außer Jagd- und Sportwaffen, die bei Einreise angegeben und wieder ausgeführt werden müssen), präkolumbianische Kunstgegenstände aus Zentral- und Südamerika, Waren aus Nordkorea, Vietnam, Kambodscha und Kuba, gefährliche Gegenstände (Feuerwerkskörper, gefährliches Spielzeug, Giftstoffe), Lotterielose, Betäubungsmittel und andere gefährliche Drogen, Haustiere, pornographische Gegenstände und Veröffentlichungen, im Ausland von Strafgefangenen hergestellte Gegenstände, aufrührerisches und hochverräterisches Material, Springmesser, gewisse gesetzlich geschützte Fabrikate (z.B. bestimmte Marken von Fotoapparaten, Uhren, Parfums, Musikinstrumenten, Schmuckstücken und Eßbestecken), Fahrzeuge und Motorräder, die den amerikanischen Zulassungsbestimmungen nicht entsprechen (aber nur, falls der Besucher länger als ein Jahr in den Staaten zu bleiben beabsichtigt), wilde Tiere (Vögel, Fische, Säugetiere), gefährdete Tiergattungen (z.B. Fasane) oder aus solchen hergestellte Waren (z.B. Gegenstände aus Reptilhäuten oder Fischbein,

Frage, wer sie an Ihrer Stelle essen wird; die meisten Zöllner scheinen da keinen besonderen Sinn für Humor zu haben.

Ansonsten dürfen Sie (als nichtansässiger Ausländer) Geschenke und neue Effekten für den Eigengebrauch im Wert von einhundert Dollar (pro Person) einführen (vorausgesetzt, daß Sie sich länger als 72 Stunden in den USA aufhalten werden und von dieser Freigrenze in den letzten sechs Monaten nicht bereits Gebrauch gemacht haben), 200 Zigaretten sowie ein Liter (*quart*) Spirituosen (sofern die Gesetze des Bundesstaates, in den Sie reisen, diese Menge zulassen). In der Schätzung dieser Gesamtsumme sind besonders die New Yorker Zöllner recht großzügig, solange sie nicht den Eindruck haben, daß Sie sie für dumm verkaufen wollen. Sie sind zum Beispiel bereit, wenn nötig, den Engros-Wert eines Artikels anzuerkennen; und falls Sie die Höchstgrenze trotzdem überschreiten, so ist der zu zahlende Zoll meist erträglich und beträgt pauschal 10 Prozent des Wertes der betreffenden Artikel (gleichgültig, welcher Art sie sind). Erst von dieser sogenannten *flat-rate percentage* ab werden für verschiedene Waren verschiedentlich hohe Zölle eingehoben. Der Besitz von Kassenzetteln und Abrechnungen erleichtert diese Prozedur.

ausgestopfte Tiere oder Trophäen, Federn und Häute wilder Vögel).
Auch diese Angaben sind selbstverständlich unverbindlich, da die Vorschriften häufig wechseln.

Das Entlarven von Schmugglern ist für den amerikanischen Zöllner relativ einfach. Respektlos, wie der Amerikaner mit allen seinen Behörden umspringt, beseelt ihn doch eine archetypische Furcht vor zwei Instanzen: dem Zoll und der Steuer. Er verrät sich daher mit Leichtigkeit durch sein Erbleichen, Stottern und Schwitzen, wenn ihm der Beamte die schicksalhafte Frage nach dem Gesamtwert seiner Mitbringsel stellt. Als Europäer sollten Sie keine Schwierigkeit haben, dem Adlerauge des Uniformierten standzuhalten, etwas gelangweilt zu antworten: *»About eighty-five dollars«,* und dann unaufgefordert alle Schlösser, Deckel und Reißverschlüsse Ihres Gepäcks zu öffnen, selbst wenn er Ihnen ob so offensichtlicher Ehrlichkeit in den Arm fallen sollte und nur Ihre Handtasche inspizieren will.

Und nun erst, endlich, ist es soweit: Durch die letzte pneumatische Tür verlassen Sie die irreale, klimatisierte Welt des Ankunftsgebäudes und betreten das wirkliche Amerika – das heißt, nein, eigentlich nur einen breiten Gehsteig voll hastender, konfuser Menschen; eine Szene, die sich auch in nichts von jedem anderen Großflughafen irgendwo in der Welt unterscheidet. Hier gibt es noch keine Überraschungen, außer eventuell in bezug auf das Klima, in das Sie plötzlich eingetreten sind. New York und die anderen Städte der Ostküste können Sie von Mai bis Oktober mit einem Wetter (über 30° C Wärme und 95 Prozent Luftfeuchtigkeit) empfangen, dessen sich Bombay nicht zu schämen brauchte, während in San Francisco im Sommer meist ein kalter Wind durch die Straßen pfeift und graue Wolken knapp über den Dächern hängen. Im Winter dagegen herrscht in New York nicht selten das Klima von Nowosibirsk (obwohl die Stadt auf der Höhe von Neapel liegt), in San Francisco kann Sie dagegen Frühlingswetter erwarten.

Wie dem auch sei: Amerika liegt noch *vor* Ihnen. Aber wo?

Amerikas Alltäglichkeiten

Ja, wo werden Sie den Vereinigten Staaten nun endlich begegnen?

Fremdheit bedeutet Gegensatz zum Gewohnten. Daher erleben wir die Fremdheit eines Landes dort am eindrücklichsten, wo dessen Wirklichkeit, besonders seine Alltagswirklichkeit, von der unseren abweicht. Und wenn Sie es fertigbringen, dieses Anderssein vieler Dinge – von Alltäglichkeiten bis zur Weltanschauung – nicht als lächerlich oder gar ärgerlich zu empfinden, dann muß ich Ihnen gratulieren, denn dann sind Sie weiser als die meisten von uns. Aber wundern werden Sie sich trotzdem.

Warum, zum Beispiel, kennt das sonst so praktische Amerika nicht das 24-Stunden-System? Der Tag ist vielmehr in zwei Hälften geteilt, von denen die eine *a. m.*, das heißt *ante meridiem* (in Flugplänen usw. oft auch nur *a*), genannt ist und sich folglich auf die zwölf Stunden von Mitternacht bis Mittag erstreckt; und *p. m.* (bzw. *p, post meridiem*) für die zweite Tages-

hälfte von Mittag bis Mitternacht. Wenn die Abflug-
zeit Ihrer Maschine also um 9.20 p.m. ist, so ist damit 21.20 Uhr gemeint – kommen Sie daher nicht
gleich nach dem Frühstück zum Flugplatz. Kompli-
zierter wird es, wenn etwas um 12.05 p.m. stattfindet,
denn ganz unlogisch wäre es nicht, wenn Sie sich
nun den Kopf darüber zerbrächen, ob das unserem
12.05 Uhr entspricht oder ob damit Mittag plus 12
Stunden und 5 Minuten, also fünf Minuten nach
Mitternacht gemeint ist. Wahrscheinlich nicht, denn
sonst müßte es ja 12.05 a.m. heißen. Aber auch das
leuchtet nicht vollkommen ein, denn genaugenom-
men müßten doch sowohl die a.m.- wie die p.m.-
Tageshälften mit null und nicht zwölf Uhr beginnen.
Aber eben die Null-Uhr-Zeiten des 24-Stunden-Sy-
stems sind es, die dem Amerikaner seinerseits noch
unfaßbarer als etwa der Begriff 15 Uhr sind. Bei der
Mitternacht selbst wird es besonders dunkel: Ob sie
dem Nachmittag (p.m.) des vorhergegangenen Tages
oder dem Vormittag (a.m.) des folgenden zuzurech-
nen ist, scheint weitgehend Geschmackssache. Die
einfachste Lösung ist es daher, Mittag wie Mitternacht tunlichst zu vermeiden. In praktisch fast dem
gesamten Staatsgebiet der USA werden die Uhren am
ersten Aprilsonntag eine Stunde vor- und am letzten
Sonntag im Oktober wieder eine Stunde zurückge-
stellt. Es gilt also in diesen sieben Monaten die
Sommerzeit, *daylight saving time* genannt. Die Ge-
dächtnisregel für das Umstellen der Uhr ist: *»Spring*

[Frühling] *forward, fall* [Herbst] *back.*« In Mitteleuropa dauert die Sommerzeit vom letzten Sonntagmorgen im März bis zum letzten Sonntagmorgen im Oktober. Wegen der einen Woche im Frühjahr, der unterschiedlichen Zeitzonen in den USA und den drei Staaten Arizona, Hawaii und Indiana, die Ausnahmen sind, lohnt ein Blick ins Internet.

Auch der amerikanische Kalender hat seine gewissen Tücken. Die Woche beginnt nämlich mit dem Sonntag, da in alttestamentarischer Sicht der Sabbath als der Ruhetag galt. Der Ausländer, für den Montag der erste Wochentag ist und der am siebenten Tage ruht, wird daher besonders beim Gebrauch von Monatskalendern – also Kalendern, die alle Tage eines Monats auf einem Blatt zeigen – leicht dazu neigen, in der Eile den Sonntag für Montag zu halten.

Ostermontag und der 26. Dezember gelten in den Vereinigten Staaten nicht als Feiertage; Pfingsten ist als Fest praktisch unbekannt, der betreffende Sonntag ist ein gewöhnlicher Sonntag, und vom Pfingstmontag hat noch niemand etwas gehört. Dasselbe gilt für kirchliche Feste wie Himmelfahrt, Fronleichnam und dergleichen. Neben Weihnachten, Neujahr und Ostern werden aber folgende offizielle Feiertage begangen:

Martin Luther Kings Geburtstag am dritten Montag im Januar (seit 1984), Washingtons Geburtstag am dritten Montag im Februar, *Memorial Day* am letzten Montag im Mai, *Independence Day* am 4. Juli, *Labor*

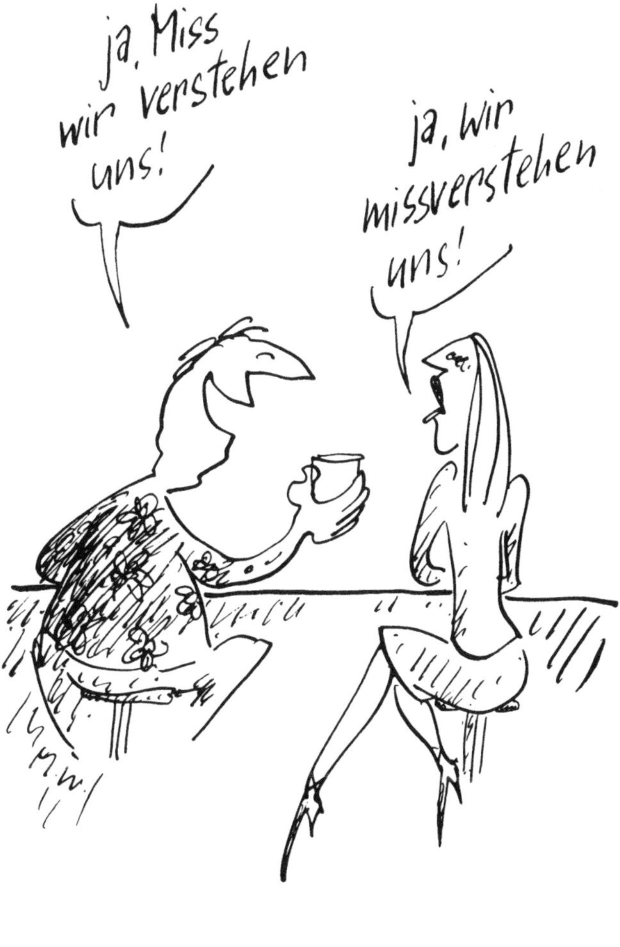
ja, Miss
wir verstehen
uns!
ja, wir
missverstehen
uns!

Day am ersten Montag im September, *Columbus Day* am zweiten Montag im Oktober, *Veterans' Day* am zweiten Montag im November, *Thanksgiving Day* am vierten Donnerstag im November.

Kein behördlicher, aber im ganzen Lande begangener Feiertag ist außerdem *Halloween*, am Abend des 31. Oktobers. Kostümierte und maskierte Kinder ziehen von Haus zu Haus, fordern von den Erwachsenen in großer Menge bereitgehaltene Süßigkeiten und spielen ihnen mehr oder minder harmlose Streiche. Ein weiterer solcher »Fun Day« ist *April Fool's Day* am 1. April, der ja auch in Europa begangen wird.

Der 14. Februar ist *Valentine's Day*; da macht man seinem Schatz ein romantisches Geschenk – zumindest ein großes Schokoladenherz. Zur Ankurbelung der Wirtschaft gibt es schließlich auch in den USA einen Vater- und einen Muttertag und neuerdings sogar einen Großelterntag.

Dem Europäer ungewohnt sind auch die angloamerikanischen Daten. Da man *»October, the third«*, *»May, the eleventh«* usw. sagt, schreibt man es auch so, das heißt entweder *October, 3rd*; *May, 11th* oder abgekürzt 10/3 beziehungsweise 5/11. Wenn Sie also auf das Datum 5/11/02 stoßen, dann hüten Sie sich vor der für den Europäer selbstverständlichen Annahme, daß es sich um den 5. November handelt. Wer transatlantischen Briefverkehr pflegt, ist daher längst zum Ausschreiben des Monatsnamens übergegangen, um diese

Konfusion zu vermeiden. Interessanterweise verwenden die amerikanischen Streitkräfte dagegen das europäische System (die Folge von Tag, Monat, Jahr), wobei die ersten drei Buchstaben des Monatsnamens verwendet werden, also zum Beispiel 3 Jun 98. Dies gilt meist auch für den wissenschaftlichen Schriftstil. Auch auf dem Landeformular der Einwanderungsbehörde (*Arrival Record*, I-94), das Sie im Flugzeug ausfüllen, wird bereits diese Schreibweise des Datums verwendet.

Eine weitere Quelle von Konfusion ist die Numerierung von Stockwerken. Im Gegensatz zu Europa (nicht ganz unlogischerweise) heißt das Erdgeschoß *first floor* und ist im Aufzug daher auch mit der Nummer 1 bezeichnet, obwohl Sie dafür gelegentlich auch den etwas rätselhaften Buchstaben G (für *ground floor*) oder, im Hotel, auch die Bezeichnung *lobby* finden werden. Der amerikanische 2. Stock entspricht also unserem ersten, und so weiter. In Hochhäusern, vor allem in Hotels, gibt es vorsichtshalber meist keinen 13. Stock, da diese Zahl auch in den Staaten Unglück bringt.

Und da wir beim Numerieren sind: Auch die fünf Finger an der Hand haben für die Amerikaner einen anderen Stellenwert. Die Zahl 1 wird averbal durch den ausgestreckten *Zeigefinger* der erhobenen Hand signalisiert; 2 durch Zeige- und Mittelfinger; 3 durch Beiziehung des Ringfingers und 4 durch alle Finger der Hand *ohne* den Daumen. Dieser kommt erst zum stummen Ausdruck der Zahl 5 mit ins Spiel. Wenn Sie also »auf europäisch« 3 (durch Ausstrecken und Hochhalten von Daumen, Zeigefinger und Mittelfinger) ausdrücken, so bedeutet das für den Amerikaner 2.

Daß der Amerikaner mit Messer und Gabel anders als der Europäer hantiert, dürfte Ihnen bekannt sein und keiner besonderen Erwähnung bedürfen. Beobachten Sie aber trotzdem Ihre eigenen Reaktionen, wenn Sie dieses Ritual des Ergreifens und Wiederhinlegens des Messers und des dauernden Wechsels der Gabel von der linken in die rechte Hand und zurück im großen Stile (und nicht nur bei ein paar komischen Touristen) sehen.* Es wird Ihnen sicher lächerlich vorkommen – und damit begehen Sie den typischen Fehler anzunehmen, daß die Regeln der eigenen Gesellschaft »richtig« und die der anderen Gesellschaftsformen und Kulturen »falsch« oder »dumm« sind. In Tat und Wahrheit ist natürlich jede solche Regel so

---

* Wie schwer es ist, eine so einfache Gewohnheit abzulegen, beweist folgende wahre Geschichte: In den vom deutschen Militär besetzten Gebieten Westeuropas bestanden Fluchthelferorganisationen, die die Besatzungsmitglieder abgeschossener alliierter Flugzeuge versteckten, mit Zivilkleidung versorgten und nach Großbritannien zurückschmuggelten. Obwohl den amerikanischen Fliegern immer wieder eingeprägt wurde, Messer und Gabel nach europäischer Manier zu verwenden, wurde so mancher dieser Flüchtlinge vom deutschen Sicherheitsdienst deswegen erwischt, weil er in der Öffentlichkeit eben doch unversehens in seinen gewohnten Essensstil zurückverfiel.

richtig oder falsch wie jede andere; es sind Konventionen und nicht ewige, objektive Wahrheiten.

Nehmen Sie nur das »richtige« Verhalten des Mannes, der eine Dame in ein Lokal begleitet. Wenn Sie Gentleman der alten kontinentaleuropäischen Schule sind, so haben Sie bereits als Junge gelernt, daß Sie in diesem Falle zuerst eintreten und die Türe für die Dame offenhalten. In Amerika dagegen ist dieses Verhalten ein schwerer *faux pas*. Dort gebietet die Höflichkeitsregel, daß der Mann der Dame nur vorgreift, die Türe öffnet und offenhält, sie aber zuerst hineingehen läßt. Gar mancher Europäer verscherzt sich mit seiner »Unhöflichkeit« ganz unwissentlich seine Chancen und mag sich dann vergeblich den Kopf zerbrechen, weshalb seine Begleiterin auf einmal kühl und wortkarg ist. Das Resultat ist also, daß sie sich stumm über seine Taktlosigkeit ärgert und er über ihre Launenhaftigkeit. – Damen erwarten im allgemeinen nicht, daß man ihnen aus dem Mantel hilft; tut man es aber, so gehen sie meist stumm ihrer Wege und lassen einen mit dem Mantel in der Hand dastehen. Schrille Pfiffe des Publikums am Ende eines Vortrags oder einer künstlerischen Darbietung (sogar eines Sinfoniekonzerts) haben nicht die europäische Bedeutung von heftiger Ablehnung, sondern drücken ganz im Gegenteil lebhafte Begeisterung aus. Kritik wird sanft mittels Zischen und weniger sanft mit »buhh«-Rufen vermittelt, die im Extremfall mit Tomaten und Eiern garniert sind. Das akademische Trommeln auf den Pultdeckeln zur Begrüßung oder als Applaus ist den Amerikanern unbekannt.

Eine weitere Fußangel für den ahnungslosen Europäer ist die Tatsache, daß Eheringe in den Vereinigten Staaten am linken Ringfinger getragen werden; ganz abgesehen von der weitverbreiteten und durchaus arglosen Gewohnheit, daß verheiratete Männer oft überhaupt keinen Ring tragen. Jedenfalls kann die Feststellung, daß der »wirkliche« Ringfinger des transatlantischen Partners unberingt ist, im Europäer wie im Amerikaner Verwirrung und falsche Hoffnung erwecken. Der Phantasie des Lesers bleibe es schließlich überlassen, sich auszumalen, zu welchen Komplikationen die unter Umständen völlig verschiedenen, aber »selbstverständlichen« Annahmen des Amerikaners beziehungsweise Europäers in der Intimsphäre führen können.

Fühlen Sie sich aber nicht persönlich beleidigt, wenn jemand in Ihrer Gegenwart seelenruhig eine Nagelschere aus der Tasche holt und sich laut knipsend die Nägel zu bearbeiten beginnt. Es handelt sich hierbei um eine in weiten Kreisen gesellschaftlich akzeptable Beschäftigung.

Wie Sie bereits im Fernsehen festgestellt haben dürften, ist es in Amerika ebenfalls gesellschaftlich durchaus in Ordnung, auch bei feierlichen Anlässen beide Hände in den Hosentaschen zu vergraben und nur beim Händeschütteln die rechte notwendigerweise kurz herauszunehmen. Männer entledigen sich ihrer Jacken bei der ersten Gelegenheit – zum Beispiel, bevor sie im Flugzeug Platz nehmen (auch wenn es noch recht kühl in der Kabine ist) und manchmal sogar im Restaurant.

Auch das Verhalten des Amerikaners dem Tageslicht und der frischen Luft (soweit erhältlich) gegenüber wird Ihnen wundersam erscheinen. Aus unerfindlichen Gründen bleiben Vorhänge und Jalousien mindestens halb, wenn nicht ganz geschlossen. Da es dann aber im Zimmer oder Büro möglicherweise zu dunkel ist, schafft der Amerikaner die für ihn selbstverständlichste Abhilfe: er dreht bei hellem Tage das Licht an. Trotz drohender Energiekrise wird weiterhin schon an mäßig kühlen Tagen wie wild geheizt. Wird es dann zu heiß, so kommt man nicht auf die Idee, die Heizung abzustellen oder gar das Fenster zu öffnen, sondern in seiner Freude am Technischen, am *gadget*, stellt der Amerikaner – wiederum als für ihn selbstverständlichste Maßnahme – die Klimaanlage an. Das Ganze erinnert einen ein bißchen an die Taktik der amerikanischen Truppen im Zweiten Weltkrieg, wo die jeweils nächste Ortschaft oder Insel auf jeden Fall ausgiebig bombardiert wurde, gleichgültig, ob der Gegner sie noch besetzt hielt oder sich schon längst zurückgezogen hatte. – Doch ich schweife von meinem Thema ab.

Über die amerikanischen Maße und Gewichte sind wenig Worte zu verlieren, denn Sie sind sich sicherlich dessen bewußt, ein Land betreten zu haben, in dem aber auch nichts eine einfache, klare Entsprechung zu den Maßeinheiten des metrischen Systems hat. Daß die USA bis heute, allen Gesetzesvorlagen und guten Absichten zum Trotz, zusammen mit anderen Weltmächten wie Brunei, Birma, Liberia und den beiden Jemen, noch an ihrem völlig unpraktischen System festhalten*, ist um so erstaunlicher, als die Amerikaner seit 1792 ihrer *Währung* das Dezimalsystem zugrunde legten. Seit es den Dollar gibt, ist er in hundert Cents unterteilt. Und seit es ihn gibt, wird er *greenback* genannt, da er immer schon eine grüne Rückseite hatte und im wesentlichen so aussah, wie er mehr oder weniger auch heute noch aussieht. Dazu kommt, daß auch die verschiedenen Denominationen (die gebräuchlichsten Noten belaufen sich auf 1, 5, 10, 20, 50 und 100 Dollar) dieselbe Größe und Farbe haben und sich daher sehr leicht verwechseln lassen. Es fehlt also die klare Unterscheidbarkeit der Euro-Banknoten, und es fehlen dem Dollar auch ihre raffinierten, von jedem Laien nachprüfbaren Sicherheitsmerkmale. Kein Wunder, daß der Dollar daher eine der am leichtesten fälschbaren Währungen ist. Seit Anfang 1984 hat die Regierung daher mit dem Druck verschiedenfarbiger Denominationen begonnen, um den alten *greenback* in Pension zu schicken. Die drei Münzen heißen im

---

* In der Pharmazeutik, der Aeronautik, der Automobilindustrie und anderen Industriezweigen ist das metrische System aber schon weitgehend eingeführt.

Volksmund *Nickel* (5 Cents), *Dime* (10 Cents) und *Quarter* (25 Cents).

Sonst aber herrscht im Bereich der Maße und Gewichte für unsere Begriffe reines Chaos, und zwar – das sei besonders betont – auch zwischen den Maßeinheiten des amerikanischen Systems selbst. Ein *inch* (Zoll) wird ziemlich regellos entweder in die Hälfte, ein Viertel, Achtel oder sogar Zwölftel (*line* genannt) unterteilt; das nächstgrößere Längenmaß, *foot*, ist zwölf Zoll lang; dagegen sind es drei *feet* (warum *drei*? – vermutlich zur Verwirrung des Gegners), die einen *yard* ergeben. Die Landmeile besteht dann witzigerweise aus 1760 *yards* (warum auch nicht?) beziehungsweise 5280 *feet*. Auf die Flächen- und Hohlmaße wollen wir lieber gar nicht eingehen. In Fairneß zu den USA dürften wir freilich nicht vergessen, daß dieser Unsinn aus Europa kam. (Man denke nur daran, wie Fahrenheit – einer möglicherweise sogar wahren Geschichte zufolge – seine Temperaturskala festgelegt haben soll. An einem besonders kalten Wintermorgen kam er zu dem Schluß, daß es unmöglich noch kälter werden könnte, und nannte diese Temperatur daher Null. Auf der Suche nach einem oberen Grenzwert steckte er schließlich ein eben erfundenes, aber noch ungeeichtes Quecksilberthermometer unter den Arm, maß also seine Körperwärme und nannte sie Hundert. Und seither friert das Wasser, zumindest noch in den Vereinigten Staaten, bei 32° und siedet bei 212°.)

Lassen Sie sich von alldem nicht zu sehr ins Bockshorn jagen. Die Umrechnungsformeln sind zwar etwas kompliziert und im Kopf nicht leicht durchzurechnen, doch wenn Sie nicht gerade in einem technischen Beruf stehen, genügt es, wenn Sie wissen, daß die normale Körpertemperatur des Menschen 98.6° F beträgt (Fahrenheit muß an jenem Morgen ein leichtes Fieber gehabt haben), die normale Zimmertemperatur 71° F und daß 61° F dem umgekehrten Wert, nämlich 16° C, entsprechen.

Wenn Sie sich aber einen Wagen mieten oder gar kaufen, tun Sie gut daran, sich noch einige andere Entsprechungen zum metrischen System zu merken. Eine Meile ist 1609 Meter lang, und wenn Sie auf die 9 Meter verzichten können, ist die Umrechnung daher 5:8. Die Maßeinheit für Brennstoff ist die amerikanische Gallone (3,785 Liter), die, über den Daumen gepeilt, im Verhältnis 1:4 auf Liter umgerechnet werden kann. Der Benzinverbrauch eines Wagens wird in Amerika als *miles per gallon* angegeben, und wenn Sie das jeweils in Kilometer pro Liter umrechnen wollen, wünsche ich Ihnen viel Glück. Die Straßenkarten, die man vor dem arabischen Ölembargo an jeder Tankstelle kostenlos erhielt und für die man heute eine Kleinigkeit bezahlen muß, haben die wichtigsten Entfernungen natürlich aufgedruckt. Für Punkte zwischen diesen angegebenen Entfernungen, besonders für Ziele auf Nebenstraßen, werden Sie vergeblich versuchen, die im metrischen System landläufige Methode anzuwenden. Auf amerikanischen Karten entspricht nämlich nichts nichts. Sie werden umsonst nach dem Maßstab der Karte suchen, und nur, wenn sie besonderes Glück haben, entdecken Sie vielleicht einen kleinen Randvermerk, wie »*1 inch equals approx. 17½ miles*«. Den einfachen Zentimeter, der, je nach Maßstab der Karte, einem oder zehn Kilometern entspricht, haben Sie in Europa zurückgelassen. Dasselbe gilt für den Reifendruck: Er wird mit *pounds per square inch* (Pfund pro Quadratzoll) angegeben, und jeder Versuch, dies mit unseren Atmosphären in Bezug zu bringen, ist meines Erachtens verlorene Mühe.

Amerika hinter dem Steuerrad

Ja, und damit sind wir fast unversehens schon beim wichtigen Thema *Auto*. Mit der Soziologie des Autos, seiner Bedeutung als Statussymbol und dergleichen, will ich Sie nicht langweilen. Aber meine Gebrauchsanweisung für Amerika wäre noch unvollständiger, als sie es unvermeidlicherweise ohnedies ist, wenn ich zu diesem Thema nicht mit allem Nachdruck darauf verweisen würde: Der Durchschnittsamerikaner ist der vernünftigste, höflichste und hilfsbereiteste Fahrer, den man sich denken kann, und seine Straßen, vor allem die Durchgangsstraßen, sind vorbildlich. (Diese Tugenden erklären, weshalb der amerikanische Tourist im europäischen Fahrer prinzipiell einen Kamikaze-Piloten und in den europäischen Straßen raffinierte Todesfallen sieht.) Natürlich gibt es auch hier Ausnahmen, vor allem Trunkenheit und Drogeneinfluß, doch ändert dies nichts an der eben erwähnten Haltung der überwiegenden Mehrheit der Verkehrsteilnehmer. Sie werden sich im Gegenteil eher die Haare ausraufen, wenn der Fahrer vor Ihnen »zur Vorsicht« auch bei »Grün« fast stehenbleibt oder vor einem Fußgängerzebra zu einem scharfen Halt kommt, weil es den Anschein hat, daß jemand in den nächsten zehn Sekunden möglicherweise die Straße überqueren wollen wird. Umgekehrt werden Sie aber auch bemerken, daß der amerikanische Fahrer, der weniger Angst als der Europäer um seine Reifen und Bremsen hat, dazu neigt, auf ein Rotlicht zuzupreschen, an dem schon eine Reihe von Wagen wartet, und daß er recht unmutig wird, wenn Sie Ihren Wagen langsam auslaufen lassen und sanft abbremsen.

Verkehrsregeln sind meist Vernunftsregeln, und die amerikanischen Verkehrsgesetze sind da keine Ausnahme. Die Mehrzahl der Ihnen aus Europa bekannten Vorschriften gilt auch in den meisten amerikanischen Bundesstaaten. Sie sehen, ich drücke mich etwas vorsichtig aus, denn ganz stimmt dies leider nicht, und zu einem einheitlichen Straßenverkehrsgesetz (und vollkommen einheitlichen Verkehrsschildern) haben sich die Amerikaner noch nicht durchgerungen. Es gibt da Unterschiede von einem Staat zum andern, die unter Umständen folgenschwer sein können – so zum Beispiel in Hinblick auf das Vorfahrtsrecht bei Einfahrt in den Kreisverkehr und beim Linksabbiegen. Prinzipiell haben doppelte, ununterbrochene (meist gelbe) Mittellinien dieselbe Bedeutung wie einfache Linien dieser Art in Europa: Ihr Überfahren ist verboten, es sei denn beim Einbiegen in (bzw. beim Herausfahren aus) Hauseinfahrten. Die meisten Verkehrszeichen enthalten schriftliche Anweisungen (z. B. »*slow — school*« oder »*no left turn*«), und die internationalen, auf bildlichen Darstellungen beruhenden Zeichen werden erst langsam eingeführt. Ebenso ist die Vorfahrtsregel für den von rechts kommenden Verkehr zwar Gesetz, hat aber auch nicht annähernd dieselbe Bedeutung wie in Europa und scheint vielen Fahrern unbekannt, da fast jede wichtigere Kreuzung ohnedies irgendwie abgesichert ist; nämlich entweder durch Ampeln (die auch in Amerika in zunehmendem Maße durch in den Straßenbelag eingebettete Fühler reguliert werden) oder durch Millionen von Stopzeichen. Diese für europäische Begriffe schikanösen Stops werden Sie auch dort finden, wo die Querstraße auf Hunderte von Metern in beiden Richtungen übersichtlich ist, und besonders die lokalen Behörden machen kein Hehl aus der Tatsache, daß sie diese Tafeln zur absichtlichen Verlangsamung des Verkehrs in Siedlungsbereichen verwenden. Vorfahrtszeichen gibt es theoretisch zwar auch, doch sieht man sie fast nirgends.

Die zulässige Höchstgeschwindigkeit ist 65 mph (*miles per hour*). Für Großraumfahrzeuge ist sie häufig 55 mph und ist auf die rechte Fahrbahn beschränkt. Die linke Fahrbahn findet man oft als »*car pool lane*« ausgeschildert, was bedeutet, daß in dieser Fahrbahn nur Wagen mit zwei oder mehr Insassen fahren dürfen.

Sollten Sie in Kalifornien chauffieren, kann ich

Ihnen mit gutem Gewissen noch spezifischere Angaben machen. (Dieselben treffen wahrscheinlich auch für viele andere Bundesstaaten zu, nur scheint das niemand genau zu wissen, und Sie tun daher gut daran, sich nicht darauf zu verlassen.) Wo immer in Kalifornien eine Straße in Ihrer Fahrtrichtung mehr als eine (durch unterbrochene weiße Trennlinien markierte) Fahrbahn hat, dürfen Sie ungeniert sowohl links wie rechts überholen – aber, wie schon gesagt, bloß nicht unter Verletzung der doppelten gelben Mittellinie. Die Fahrbahnen sind heilig; Fahren auf der Trennlinie (halb in einer, halb der anderen Bahn, jene Spezialität der Mittelmeerländer) würde Ihnen sehr übelgenommen. Fahrbahnwechsel sind sorgfältig zu signalisieren. Da man, wie gesagt, links wie rechts überholen darf (was dem europäischen Fahrer ungewohnt ist), müssen Sie doppelt vorsichtig sein, daß nicht zugleich mit Ihnen ein anderer Fahrer von der anderen Seite her in dieselbe Fahrbahn überzuwechseln versucht und Sie daher längsseits mit ihm kollidieren.

Etwa 20 Zentimeter rechts oder links der Mittellinie werden Ihnen häufig rechteckige blaue Reflektoren im Straßenbelag auffallen, deren tieferer Sinn nicht ohne weiteres klar ist, bis man entdeckt, daß sie an der rechten, beziehungsweise linken Straßenseite stehende Feuerhydranten markieren.

Bei Rotlicht dürfen Sie in Kalifornien nach Stehenbleiben rechts einbiegen, wenn es der Querverkehr gestattet (das Rotlicht gilt in diesem Fall also als Stoppzeichen) und wenn nicht irgendwo ein Schild mit der Aufschrift *»no turn on red«* steht. Konsequenterweise ist es auch erlaubt, bei Rotlicht nach Stehenbleiben von der linken Fahrbahn (bzw. der linken Straßenhälfte) einer Einbahnstraße nach links in die linke Fahrbahn einer in Ihrem Sinne von rechts nach links verlaufenden Einbahnstraße einzubiegen.

Wo die Verkehrsampeln nicht über der Kreuzungsmitte hängen, stehen sie – in Fahrtrichtung gesehen – *jenseits* der Kreuzung, was den praktischen Vorteil hat, daß man sich als erster Fahrer unmittelbar *vor* der Kreuzung nicht das Genick zu verrenken braucht, um die Ampel zu sehen, während man auf Grünlicht wartet. Die in Europa zunehmend eingeführten, kleinen Lampen auf halber Höhe des Mastes der Verkehrsampel sind daher unbekannt. Unbekannt ist auch der Übergang von Rot über Rot / Gelb auf Grün; gelbes Licht gibt es nur beim Wechsel von Grün auf Rot und kann, wie bei uns, dann zum Abschluß eines Linksabbiegens verwendet werden, wenn man noch bei Grün bereits innerhalb der Kreuzung stand.

Verkehrsübertretungen verursachen ein ziemliches Malheur, da sie gerichtlich und nicht auf dem Organmandatswege abgewickelt werden. Das heißt, der Polizeibeamte nimmt Ihnen zwar kein Geld ab, aber Sie müssen sich, nach Vorladung, bei dem betreffenden Gericht einfinden, werden regelrecht verurteilt (was allerdings den Leumund nur bei schwereren Übertretungen wie Trunkenheit, fahrlässigem Totschlag, Fahrerflucht usw. beeinträchtigt), und die Sache wird in Ihren Akten vermerkt. Ihre Versicherungsprämien erhöhen sich, und wenn Sie ein gewisses Maß an *moving violations* (womit Übertretungen beim Fahren und nicht auch zum Beispiel falsches Parken gemeint sind, oder aber auch Defekte, die die Sicherheit des Fahrzeugs beeinträchtigen) erreicht haben, gelten Sie als fahrlässiger Lenker (*negligent operator*), was viele Scherereien und unter Umständen sogar den Führerscheinentzug bewirken kann.* Wie all dies im Falle eines nichtansässigen Ausländers gehandhabt wird, hängt weitgehend von den örtlichen Gepflogenheiten und Gesetzen ab.

Was Tankstellen und die Erhältlichkeit von Benzin und seinen Preis betrifft, so wird es immer unmöglicher, verläßliche Auskünfte zu geben. Tankstellen gibt es in Hülle und Fülle, doch scheinen sie langsam zu Denkmälern für die gute alte Zeit zu werden, als Benzin noch ungefähr 32 Cents pro Gallone kostete, Tag und Nacht (und vor allem auch an Wochenenden) erhältlich war und man Ihnen zum Dank für Ihren Kauf außerdem noch Steakmesser, Kaffeetassen, Kinderspielzeug und dergleichen aufdrängte, vom Reinigen aller Fenster, der Prüfung des Ölstandes und des Reifendrucks und ähnlichen Dienstleistungen ganz zu

---

* In Kalifornien, zum Beispiel, ist dies bei einem Jahresdurchschnitt von 25 000 gefahrenen Meilen bei vier Übertretungen in zwölf Monaten, sechs Übertretungen in 24 Monaten bzw. acht in 36 Monaten der Fall.

schweigen. Praktisch an allen Tankstellen gibt es heute *Full-Service-* und *Self-Service*-Pumpen; an letzteren kostet das Benzin *derzeit* ungefähr 25 Cents weniger als beim *Full Service*, das heißt zwischen $ 1,50 und 1,70 pro Gallone (3,785 Liter) – vorausgesetzt, daß der Straße von Hormuz nicht irgendwann wieder einmal eine Blockade aus metaphysischen Ursachen droht. – Auch wenn Sie bei den *Full-Service*-Pumpen halten, erwartet der Tankwart für seine Routinedienste (Benzin, Öl, Wasser, Luft, Scheibenputzen) kein Trinkgeld. Wenn Sie zu später Abendstunde tanken wollen, kann es Ihnen passieren, daß man Ihnen als Barzahler kein Wechselgeld herausgeben kann, da als Vorsichtsmaßnahme gegen die häufigen Raubüberfälle alle Bareinnahmen sofort in einen kleinen Panzerschrank geworfen werden, für den das Personal keinen Schlüssel hat. Man erwartet von Ihnen also den genauen Rechnungsbetrag des gekauften Benzins. Wenn Sie dagegen bereits so amerikanisch sind, daß Sie eine Kreditkarte haben, trifft das eben Gesagte natürlich nicht zu.

Die Unsicherheit der Straßen ist überhaupt ein trübes Kapitel. Die Automobilklubs empfehlen immer wieder, im Falle einer Panne auf den Autostraßen (also weitab von der nächsten Werkstätte oder einem Telefon) so weit rechts wie möglich auf der Abstellbahn stehenzubleiben, die Motorhaube als Notsignal zu öffnen oder ein Blatt Papier auf die Antenne zu spießen und dann – vor allem nachts – sich im Wagen einzusperren und die nächste Verkehrsstreife abzuwarten. Besonders die Überlandstraßen werden von der *Highway Patrol* regelmäßig patrouilliert, und wenigstens theoretisch sollte die Wartezeit nicht zu lang sein. Die Polizei warnt immer wieder davor, sich von Unbekannten »helfen« zu lassen oder zu Fuß loszugehen.

Und auch die umgekehrte Situation ist strikt zu vermeiden. Während die Verkehrsgesetze vieler europäischer Länder es auch unbeteiligten Drittpersonen zur Pflicht machen, in Lebensgefahr schwebenden oder verletzten Verkehrsteilnehmern Hilfe zu leisten, muß ich Sie – so unmenschlich es scheinen mag – davor warnen, in den USA den guten Samariter zu spielen. Sie riskieren nur, daß Ihnen ein geschäftstüchtiger und auf solche Fälle spezialisierter Rechtsanwalt einen Prozeß anhängt, weil Ihre unsachgemäße Hilfe die Verletzungen seines Klienten angeblich noch verschlimmert hat.

Was den Führerschein betrifft, so hat man Ihnen im Konsulat auf Ihre Frage hin vermutlich ein Merkblatt ausgehändigt, das Ihnen für die Dauer eines kurzen *Besuchs* das Mitbringen eines internationalen Führerscheins empfiehlt oder sogar Ihren europäischen Schein gelten läßt. Leider kann es Ihnen passieren, daß es den Behörden der einzelnen Bundesstaaten recht schnuppe ist, was »die in Washington« sagen; sie bestehen eifersüchtig auf ihren eigenen Gesetzen. Viel verläßlichere Auskünfte als von den Auslandsvertretungen erhalten Sie bei den örtlichen Büros der AAA

(*American Automobile Association*), des überstaatlichen amerikanischen Automobilclubs. Beabsichtigen Sie dagegen, längere Zeit in den USA zu bleiben (und vor allem, wenn Sie festen Wohnsitz nehmen wollen), dann müssen Sie möglichst bald die Fahrprüfung des betreffenden Staates ablegen. Wie in Europa besteht diese aus einer theoretischen Prüfung, die sich ausschließlich auf die Verkehrsregeln (die bei der Polizei in einfacher Zusammenfassung erhältlich sind) erstreckt, und einer praktischen Prüfung, die sich im wesentlichen auf vernünftiges Fahren und dabei vor allem auf das Signalisieren Ihrer Absichten bezieht. Die Prüfer, mit denen ich zu tun hatte, schienen fair und wollten mich nicht reinlegen. Wenn man Sie auffordert zurückzustoßen, so sehen Sie bitte nicht nur in den Rückspiegel, sondern blicken Sie über Ihre Schulter. Unterlassen Sie dies, so fallen Sie fast sicher durch, können aber gleich am nächsten Tag wieder antreten.

Da Sie als Besucher einen Wagen wahrscheinlich nur mieten werden, dürften Sie mit diesen Behörden kaum in Berührung kommen. Es erübrigt sich daher auch das Problem der Wagenversicherung; wie in Europa wird diese von der Verleihfirma durchgeführt. Hier sei nur kurz erwähnt, daß Fahrer unter 25 Jahren allgemein höhere Versicherungsprämien zahlen müssen und daß die Höhe der Prämien auch noch von einigen anderen, zum Teil merkwürdigen, da auf statistischer Basis beruhenden Faktoren bestimmt wird, wie etwa dem Geschlecht des Fahrers, seiner Unverheiratetheit und natürlich der Zahl seiner Unfälle und Verkehrsübertretungen in den letzten Jahren. Einige Versicherungsgesellschaften geben Rabatte für Nichtraucher.

Sollten Sie, zum Beispiel als Einwanderer, Ihren Wagen aus Europa mitbringen wollen, müssen Sie sich vergewissern, daß er den amerikanischen Zulassungsbedingungen entspricht (also zum Beispiel *»sealed beam«*-Scheinwerfer und das vorgeschriebene Sicherheitsglas hat, von den komplizierten Abgaskatalysatoren ganz zu schweigen). Darüber können Sie genaue Auskunft von den europäischen Herstellern Ihres Wagentyps anfordern.

Wie erwähnt, sind die Autobahnen (die zum Teil Mautstraßen sind) ausgezeichnet durchkonstruiert, das Netz ist riesig, die Beschilderungen klar. Kein Wunder, wenn man sich überlegt, daß die Amerikaner darin schon Fachleute waren, bevor Mussolini sein schnurgerades Protzstückchen von Mestre nach Padua eröffnete. Die Einmündungen und Überkreuzungen, die Sie zum Beispiel in New York oder Los Angeles sehen werden, sind trotz ihrer futuristischen Kälte imposant. In Stadtgebieten überbrücken Autobahnen oft kilometerweit die Wohnbezirke und tragen zum beklemmend ungastlichen Eindruck der Großstädte bei, einem Eindruck, der sich einem freilich auch in anderen Weltstädten immer mehr aufdrängt.

Doch bevor wir uns den Städten zuwenden,

möchte ich im Interesse Ihrer Fahrsicherheit nochmals auf zwei wichtige Faktoren verweisen:

1. Es kann links *und* rechts überholt werden, und das vergißt man als Europäer nur zu leicht.

2. Wenn Sie vom geraden Kurs abschwenken (also abbiegen oder die Fahrbahn wechseln), sind *Sie* dafür verantwortlich, daß es der Verkehr *hinter* Ihnen gestattet. Theoretisch ist das natürlich auch in Europa so; in der Praxis aber hat sich längst die Gewohnheit eingebürgert, nur auf den Verkehr vor und eventuell links von sich zu achten und sich den Teufel darum zu scheren, was hinter einem vorgeht. In den Vereinigten Staaten dagegen erwarten die Fahrer *hinter* Ihnen, daß Sie sich nach *ihnen* richten und daher vor allem Ihre Absichten klar und rechtzeitig signalisieren.

Und schließlich noch ein Hinweis auf eine Verkehrsregel, die dem Europäer nicht unbedingt bekannt sein mag: Es ist verboten, mit Standlicht (Parklichtern) zu *fahren*, und zwar auch in den Stadtzentren und nicht nur auf schlechtbeleuchteten Neben- oder Landstraßen.

Die Städte

Als europäischer Kinobesucher nehmen Sie wahrscheinlich an, daß die in amerikanischen Filmen immer wieder zu sehende Hauptstraße entweder eine hundertmal verwendete Kulisse in Hollywood ist oder – wenn sie tatsächlich existieren sollte – sorgfältig in Hinblick auf maximale Schäbigkeit ausgewählt wurde.

Auf der Fahrt vom Flugplatz in die Stadt haben Sie nun aber ein *Déjà-vu*-Erlebnis nach dem anderen, denn irgendwie drängt sich Ihnen der Eindruck auf, das alles schon einmal gesehen zu haben. Der Grund ist schlicht der, daß die amerikanischen Städte tatsächlich von einer unerwarteten Einförmigkeit sind. Wie die römischen Legionäre ihre *castra* oder die spanischen *conquistadores* ihre lateinamerikanischen Siedlungen entwarfen auch die langsam nach Westen vordringenden Besiedler der Neuen Welt ihre Städte nach dem Muster, das dem praktischen Tatmenschen naheliegt: schachbrettartig, übersichtlich und den natürlichen Gegebenheiten nur dort geradezu feindselig

Rechnung tragend, wo jene – wie ein Flußlauf oder eine Felswand – sich nicht dem Schachbrett unterwerfen lassen. Aber sogar dort, wo die Natur dies erzwingt, bleibt das Stadtbild selbst monoton das gleiche. Hierfür bietet das von den Amerikanern meist als Gegenbeweis verwendete San Francisco* ein gutes Beispiel: Die Stadt, hügelig wie Rom, liegt in zauberhafter Umarmung mit einer Bucht von romantischer Schönheit. Wäre es dieser Stadt vergönnt gewesen, sich wie eine ihrer mediterranen Schwestern langsam und spontan zu entwickeln, so würde sie tatsächlich zu den schönsten der Welt zählen. Doch selbst hier, fern von Prärie und Wüste, wurde das sture Quadratmuster über Hügel, Ufer und Wälder geworfen; unbekümmert um die Topographie laufen endlose, häßliche Straßen parallel und quer zueinander bergauf und bergab, manchmal so steil, daß man befürchtet, der Wagen werde die Steigung nicht schaffen oder sich auf der Talfahrt überschlagen.

Eine der wenigen Ausnahmen sind das Regierungsviertel von Washington, das sich an das städtebauliche Konzept des kaiserlichen Frankreichs anlehnt, oder das pulsierende, kreolische *French Quarter* (*Vieux Carré*) von New Orleans. Und Ausnahmen sind auch jene großzügigen (aber immer noch schachbrettarti-

---

* Apropos, bitte ja nicht den *faux pas* begehen und »*Frisco*« sagen. »*Sän Frän*« dagegen beweist, daß Sie routinierter Kalifornier sind.

gen) Sanierungen ganzer Altstadtteile, das heißt ihre Ersetzung durch Stahlbetonpaläste und -türme, wie sie heute zum internationalen Baustil gehören. Doch da diese Bauten meist von großen Parkplätzen umgeben sind, wirken sie merkwürdig zusammenhanglos.

Die Regel aber sind die kilometerlangen, schnurgeraden Straßen, die sich in immer gleichen Abständen mit Nebenstraßen kreuzen und deren Hausnummern von Querstraße zu Querstraße jeweils um hundert zunehmen. Apropos Hausnummern: Wie meist auch in Europa sind die ungeraden Hausnummern, stadtauswärts gesehen, links und die geraden rechts. 1735 Broadway ist also ein Gebäude auf der linken Straßenseite des 17. Blocks vom Broadway. Das bedeutet aber nicht, daß es notwendigerweise von Nr. 1733 und Nr. 1737 flankiert ist; diese beiden Nummern gibt es unter Umständen überhaupt nicht, und es ist sogar möglich, daß auf dieser Broadway-Front nur drei Gebäude stehen, von denen das erste wahrscheinlich Nr. 1701 hat, das zweite eben unsere Nr. 1735 und das dritte zum Beispiel 1777. Ein andermal dagegen suchen Sie vielleicht nach der sonderbaren Adresse 6328½ Pine Street. Es dürfte sich dabei um ein Hinterhaus handeln, das zwischen Nr. 6328 und Nr. 6330 hineingezwängt werden mußte. Im 63. Häuserblock einer Straße? – werden Sie fragen. Ja, und es gibt sogar viele Straßen, die über hundert Blocks weit reichen und daher viele Kilometer lang sind. Den Weltrekord scheint da allerdings Mexico City mit seiner *Avenida de los Insurgentes* zu halten, die die Stadt auf einer Länge von 28 Kilometern schnurgerade durchquert. Los Angeles dürfte in dieser Hinsicht Nummer zwei sein. Sie können dort Kilometer und Kilometer in derselben geraden Straße dahinfahren, begleitet von der bis zum Fluchtpunkt reichenden Prozession von Starkstrom- und Telefonmasten, die mehr als irgendein anderer Einzelfaktor zur Verschandelung des Stadtbilds beitragen, und flankiert zu beiden Seiten von einer nicht abreißenden Folge von Tankstellen, Hamburger-Buden, Reklameschildern, den Autoparks der Gebrauchtwagenhändler und ähnlichen Augenweiden. Zu diesen zählen auch die Folgen der selbst heute noch weitgehenden Stilfreiheit im Städtebau: Da gibt es Schuhgeschäfte in Form riesiger Stiefel, ein Fischrestaurant in Schiffsform, ein modernes Motel als Ritterburg mit Zinnen und Türmchen und dergleichen mehr, was der Amerikaner mit dem Ausdruck *cute* (etwa: niedlich) entschuldigt.

Und nun, wollen wir annehmen, taucht in der Ferne Ihr Hotel auf.

Hotels

Wenn Ihre Finanzen Sie nicht gerade zur Wahl der billigsten Unterkünfte zwingen, werden Sie feststellen, daß auch die mittelklassigen Hotels (und vor allem die Motels, die es in zunehmender Zahl auch bereits in den Stadtzentren gibt) einigermaßen sauber, modern und komfortabel sind. Je nach Preislage (Hotelkategorien gibt es in den USA nicht) ist die Einrichtung von Boston bis San Diego meist schaurigschön und stereotyp dieselbe, und gewöhnlich fehlt weder der Farbfernsehapparat im Zimmer noch das Schwimmbecken gleich hinter dem Hauptgebäude.

Zimmer ohne Bad und Toilette sind praktisch unbekannt, und viele Hotels und Motels gewähren Wochen- oder auch Monatstarife. Im Gegensatz zu Europa kostet ein Doppelzimmer meist nur fünf bis sieben Dollar mehr als ein Einzelzimmer, und für nochmals ungefähr denselben Betrag können Sie sich ein Klappbett für eine dritte Person ins Zimmer stellen lassen.

Ganz im Gegensatz zum spartanischen Luxus skandinavischer Hotels gibt es Handtücher, Seife, Papierta-schentücher (*Kleenex*), Schuhputzlappen und derglei-chen in Hülle und Fülle. Die meisten Badewannen da-gegen sind rein symbolisch; das heißt, auch wenn man sie vollaufen läßt und sich dann hineinlegt, wird man nur am Rücken naß, während Knie und Brust trocken aus dem Wasser ragen. Hat man dann die unselige Idee, sich auf den Bauch zu drehen, so riskiert man größere Hautabschürfungen, da auf dem Boden der Wanne glaspapierartige Rauhstreifen angebracht sind, die das Ausrutschen der nassen Füße beim Duschen verhindern sollen. Denn nur zum Duschen und nicht für Vollbäder sind diese Badezimmer offensichtlich eingerichtet. In manchen Hotels werden Sie zwischen dem Heiß- und dem Kaltwasserhahn des Waschbek-kens einen Knopf finden, der bei Drücken gekühltes Trinkwasser spendet. Schuhputzmaschinen gibt es nicht unbedingt, dagegen fehlen nur selten die Eis-würfelmaschine und der Coca-Cola-Automat in der Nähe der Lifttür.

Überall in den USA ist die Stromspannung 110 Volt, und die Steckdosen haben zwei kleine, parallele Schlitze, in die die europäischen Stecker auch unter Gewaltanwendung nicht passen. Um Ihren Rasierap-parat oder Haartrockner verwenden zu können, müs-sen diese Geräte zur Umschaltung auf 110 Volt einge-richtet sein, und Sie sollten einen sogenannten *adaptor* aus Europa mitbringen, da er in den USA nur schwer aufzutreiben ist.

Das Stubenmädchen taucht meist nur einmal täglich auf und erhält praktisch nie ein Trinkgeld. Klingeln nach ihr führt meist nur in der ersten Vormittagshälfte zum Erfolg. – Sollten Sie noch der ehrwürdigen europäischen Gewohnheit huldigen, Ihre Schuhe zum Putzen nachts vor die Zimmertür zu stellen, so nimmt man höchstens an, daß Sie ihrer müde sind, und sie landen entweder in der Spendenkiste der Heilsarmee oder im Mülleimer.

Der amerikanische Hotelportier hat wenig vom Nimbus seines alles wissenden, alles arrangierenden europäischen Kollegen. Setzen Sie also in ihn nicht allzu große Hoffnungen hinsichtlich Hilfe oder auch nur Auskunft über Adressen, Verkehrsmittel, Postgebühren, Veranstaltungen, Spezialgeschäfte, Museen usw.

In der Rezeption füllen Sie ein Anmeldeformular aus; nur selten werden Sie nach einem Personalausweis gefragt oder danach, ob die Dame in Ihrer Begleitung wirklich Ihre Angetraute ist. Da amerikanische Hotelzimmerschlüssel an leichten Plastikanhängern und nicht, wie in Europa, an Totschlägern befestigt sind, brauchen Sie den Schlüssel nicht jedesmal beim Weggehen abzugeben und können ihn für die Dauer Ihres Aufenthalts ruhig bei sich behalten. Dies hat auch den Vorteil, daß man Sie – Gott behüte – im Falle eines Unglücks leicht identifizieren könnte. Ansonsten gelten die Vorsichtsmaßnahmen, die Ihnen als erfahrenem Reisenden ohnedies geläufig sind, wie das Absperren der Tür von innen, das Schließen der Fenster vor dem Weggehen, das Abgeben aller Wertsachen im Hoteltresor und – wenn möglich – die Vermeidung von Ferngesprächen über die Hotelvermittlung, obwohl die amerikanischen Hotels Sie da bei weitem nicht so unverschämt schröpfen, wie es in Europa gang und gäbe ist.

Auf eine Frage des Empfangschefs sind Sie aber wahrscheinlich nicht vorbereitet, und sie leitet zu meinem nächsten Thema über.

Geld, Kredit und Banken

Wer in den Vereinigten Staaten bar bezahlt, ist generell suspekt. Um kreditwürdig zu sein, *müssen* Sie Schulden haben. Diese Behauptung mag Ihnen ob ihrer Absurdität etwas eigenwillig erscheinen, aber es ist wirklich so: Die für uns Europäer als die verläßlichst erscheinende Zahlungsform, das Bargeld, ist in Amerika das Stigma des Bankrotteurs, dem niemand mehr Kredit zu gewähren bereit ist.

Wundern Sie sich also nicht, wenn das *keep smiling* auf dem Gesicht des Empfangschefs in dem Augenblick einfriert, in dem er Sie nach Ihrer Zahlungsmodalität fragt und Sie unschuldig *»cash«* antworten. Und versuchen Sie erst gar nicht, ihm die beleidigende Absurdität seiner Forderung nach Vorausbezahlung Ihres Zimmers klarzumachen – die Szene wäre ein geradezu klassisches Beispiel zweier verschiedener, unvereinbarer Auffassungen derselben Wirklichkeit, wie sie unzähligen menschlichen Konflikten zugrunde liegt. Was immer Sie sagen mögen, er wird auf Vorauszahlung bestehen, besonders, wenn Sie mit leichtem Gepäck reisen und keine Reservierung gemacht haben.

Doch zurück zu den Mysterien der amerikanischen Auffassung vom Geld. Wie gesagt, um respektabel zu sein, müssen Sie Schulden haben. Um aber die notwendigen Schulden zu *machen*, müssen Sie jeweils bereits Schulden *haben* – und da liegt der Hund begraben. Denn wie durchbricht man als Neuangekommener diesen Teufelskreis? Das ist ein Problem, das Ihnen in den verschiedensten Zusammenhängen unterlaufen kann; zum Beispiel auch mit Versicherungsgesellschaften, dem Telefon, dem Elektro- und Gaswerk, dem Vermieter oder Grundstücksmakler, kurz, überall dort, wo man Ihnen gegenüber zur Einschätzung Ihrer Zurechnungsfähigkeit, Kreditwürdigkeit, Solidität und dergleichen einen nachweisbaren Präzedenzfall Ihrerseits voraussetzt, den Sie aber deswegen nicht erbringen können, weil Sie bisher eben noch keinen Kredit in den USA aufnahmen oder benötigten, noch nicht chauffierten und sich daher als risikowürdiger Fahrer ausweisen können, Telefonrechnungen bisher weder bezahlten noch unbezahlt ließen und so weiter.

Diesem Teufel können Sie aber mit dem Beelzebub einer glorreichen amerikanischen Erfindung beikommen: der Kreditkarte. Der Besitz von Kreditkarten ist der stolze Nachweis, daß Sie dem Orden der bis über die Ohren verschuldeten Durchschnittsamerikaner angehören. Auf den Antragsformularen, die Sie vermutlich schon im Nachrichtenmagazin der Fluggesellschaft, in Hotels, Banken, Restaurants, Wechselstuben und Tankstellen fanden, wird der Erwerb dieser Karten als kinderleicht hingestellt – ist es aber schon längst nicht mehr. Besonders für den Ausländer, der weder Wohnsitz noch Bankkonto oder Einkommen in den USA hat, ist eine amerikanische Kreditkarte heute praktisch unerhältlich. Aber haben Sie erst einmal ein oder zwei dieser Plastikdinger, dann sind Sie zum Schuldenmachen geradezu berechtigt. Die Art und Weise, wie dabei aus nichts etwas (Ihr Kredit) entsteht, ist einfach faszinierend – sozusagen ein Akt der Urzeugung. Kein Wunder, wenn sich der Schaden durch Kreditkartenschwindel in den USA jährlich auf Milliarden von Dollar beläuft.* Mir ist nur noch eine andere vergleichbare Absurdität bekannt: In weit höhe-

---

* Damit soll die praktische Nützlichkeit der Kreditkarten nicht geleugnet sein. Man braucht weniger Bargeld mit sich zu führen, und als Steuerpflichtiger hat man einen vom Finanzamt akzeptierten Nachweis für jene Ausgaben, die von der Steuer abgezogen werden können. Diesen Vorteilen stehen freilich die Scherereien gegenüber, die der Verlust oder Diebstahl der Karten mit sich bringt. (Die finanzielle Haftung des Karteninhabers erstreckt sich allerdings nur auf die ersten fünfzig Dollar der durch Mißbrauch verursachten Schadenssumme.) Zu bedenken ist ferner, daß die zu zahlenden Schuldenzinsen sehr hoch (18 Prozent und mehr pro Jahr) sind. Wenn Sie Ihre jeweilige Monatsabrechnung aber innerhalb einer bestimmten Frist bezahlen, so berechnen Ihnen die meisten Kreditkarteninstitute keine Zinsen. (Inzwischen sind Kreditkarten natürlich auch in Europa längst eingeführt. Sie unterliegen ähnlichen Bedingungen.)

rem Maße als in Europa erfordern die amerikanischen Gesetze die Beibringung eines kompletten Satzes von Fingerabdrücken für gewisse Ansuchen (wie berufliche Zulassungen, Konzessionen verschiedener Art, Waffenscheine und so weiter). Diese Fingerabdrücke läßt man sich bei der Polizei abnehmen. Die Einschaltung der Polizei soll offensichtlich verhindern, daß jemand (z.B. ein Vorbestrafter) in betrügerischer Absicht die Fingerabdrücke einer anderen Person als die seinen einreicht. Um so verblüffender ist es daher, wenn der Polizist nach vollzogener Amtshandlung Sie keineswegs nach einem Identitätsausweis fragt, sondern das Eintragen der Personalien in das Formular seelenruhig Ihnen überläßt. Doch dies nur nebenbei. Zurück zum Geld.

Die Verwendung von Schecks anstelle von Bargeld hat in den USA astronomische Ausmaße erreicht, und das System ist so eingespielt, daß die Bank den von Ihnen heute irgendwo ausgestellten Scheck meist schon morgen gegen Ihr Konto verbucht – vorausgesetzt natürlich, daß er vom Empfänger sofort zum Inkasso eingereicht wurde und sich die Transaktion in geographischer Nähe Ihrer Bank abspielte. Fast alle Geschäfte (nicht aber Restaurants) nehmen ad hoc ausgestellte, persönliche Schecks an, vorausgesetzt, daß man in der betreffenden Gegend wohnt und sich durch Führerschein und zusätzlich irgendeine Kreditkarte ausweisen kann. Für den ausländischen Besucher sind diese Angaben natürlich zwecklos; er wird sich

mit Bargeld oder den ohnedies viel sichereren, auf Dollar ausgestellten Reiseschecks behelfen müssen.

Im Vergleich zu europäischen Banken (besonders im internationalen Geldverkehr) lassen die Dienstleistungen der amerikanischen Geldinstitute sehr zu wünschen übrig. Nur auf den bargeldlosen Verkehr und das gigantische Kreditsystem sind sie gut eingespielt, denn dies ist das Hauptanliegen ihrer Kunden. Es wäre aber ein Irrtum anzunehmen, daß die Amerikaner daher wahre Finanzexperten sein müssen. Daß dies nicht der Fall ist, bewies eine vor einigen Jahren von der *American Express Company* durchgeführte Befragung von 202 wahllos angesprochenen Kunden in großen Geschäftszentren von Atlanta, Massapequa, Chicago und Los Angeles. Es stellte sich heraus, daß nur ganz wenige der Befragten sich über die legale Basis (einschließlich ihrer eigenen Rechte) der Verwendung von Kreditkarten und dergleichen im klaren waren; die überwiegende Mehrzahl dieser Personen war außerstande, auch nur eine von zehn einfachen diesbezüglichen Fragen richtig zu beantworten.

Kreditkarten wie persönliche Schecks nähren die Illusion, selbst jederzeit nach Belieben Geld erzeugen zu können. Daraus erklärt sich wohl ihre ungeheure Beliebtheit (und vermutlich die ebenso ungeheure innere Verschuldung des Landes). Wie oft wird es Ihnen zustoßen, bei einer Kasse warten zu müssen, weil jemand vor Ihnen mit dem Ritual der Bezahlung mit Kreditkarte oder dem zeitraubenden Ausschreiben eines Schecks für $ 1,27 beschäftigt ist. Trösten Sie sich, denn noch größere Dinge sind im Gange, nämlich die sogenannte schecklose Gesellschaft. Dies bedeutet keineswegs eine Rückkehr zum einfachen Bargeld. Es handelt sich vielmehr um eine Art Superkreditkarte, ein Plastikkärtchen, in das der Name der Bank und die Kontonummer einmagnetisiert sind. Überall wird es bald statt Registrierkassen elektronische »Kassen« geben, in die die Karte und der betreffende Betrag eingeführt werden, worauf das betreffende Konto automatisch um die Kaufsumme belastet beziehungsweise eine eventuelle Kontoüberziehung sofort gemeldet wird. Welche Möglichkeiten, sich fremder Konten zu bedienen, nun elektronisch begabten Betrügern offenstehen werden, läßt sich vorläufig auch nicht annähernd ausmalen. Eine Entwicklung, die in Europa mit der üblichen Verzögerung inzwischen auch eingesetzt hat.

Ihr Konto ist auf keinen Fall Ihre Privatsache. Ein Bankgeheimnis im europäischen Sinne gibt es in den USA nicht. Nicht nur kann praktisch jede Behörde, oft ohne gerichtliche Verfügung, von Ihrer Bank Auskunft über Ihre Finanzen, Überweisungen, Hypotheken und so weiter erhalten, sondern selbst Privatpersonen (z. B. Geschäftsleuten) wird angeblich bereitwillig Auskunft darüber erteilt, wieviel Geld Sie haben. Banken sind verpflichtet, jede Überweisung auf Mikrofilm aufzunehmen und jederzeit für behördliche Kontrollen verfügbar zu machen. Die von Ihnen ausgestellten

Schecks gehen nach Inkasso einmal im Monat mit dem Kontoauszug an Sie, den Aussteller, zurück. Dies ist überaus praktisch, da es die Ausstellung von Bestätigungen unnötig macht; Ihr Scheck mit dem Inkassovermerk ist Ihre Zahlungsbestätigung.

In einer grundsätzlich puritanischen Gesellschaft, wie es die amerikanische auch heute noch ist, steht Reichtum bekanntlich für den sichtbaren Beweis des Wohlwollens Gottes. Geld, der Geldwert von Besitz, die Höhe des eigenen Einkommens und so weiter sind daher durchaus stubenreine Gesprächsthemen und äußerer Ausdruck von Rechtschaffenheit. Dies mag zum Teil den schlechten Eindruck erklären, den das Abheben größerer Bargeldbeträge hervorruft (Bargeld ist anonym!), und die geradezu obszöne Anrüchigkeit schweizerischer oder bahamenischer Nummernkonten, hinter denen die amerikanischen Finanz- und Steuerbehörden mit ingrimmiger, eines besseren Zweckes würdiger Hartnäckigkeit her sind.

Im Vergleich zu vielen europäischen Staaten ist die amerikanische Einkommenssteuer relativ niedrig. Dieser Vorteil wird allerdings durch zahlreiche Nebensteuern aufgehoben, wie zum Beispiel der *state tax* (der Einkommenssteuer des Bundesstaates, in dem man seinen festen Wohnsitz hat), womöglich noch einer *city tax*, zum Beispiel in New York, und einer großen Zahl weiterer Steuern, von denen Ihnen als Besucher auf jeden Fall die in vielen Bundesstaaten bestehende *sales tax* (Verkaufssteuer) auffallen dürfte, die oft sogar auf Speisen in Restaurants erhoben wird. Alles ist also 5–7 Prozent teurer als angeschrieben, und außerdem ist der zu zahlende Betrag daher immer ungerade. Wie sehr Sie auch versuchen mögen, Ihre einzelnen Cents loszuwerden, Sie werden immer neue bekommen. Die einzige andere Verwendung dafür sind die Parkuhren in Kleinstädten, die Ihnen für einen Cent zwölf Minuten Parkzeit bewilligen.

Und nun noch eine letzte das Geld betreffende Anmerkung. Was in Deutschland erst seit kurzem durch die Abschaffung des Rabattgesetzes erlaubt ist, ist in Amerika schon lange gang und gäbe: Der Preis einer Ware läßt sich herunterhandeln – und zwar nicht der irgendeiner Dutzendware in einem Kaufhaus oder im Delikatessenlädchen in der 72. Straße, sondern dort, wo Sie es am wenigsten erwarten würden: in den eleganten, teuren Geschäften. Falls Ihnen Talent und Freude am Handeln angeboren sind, ist Ihr Erfolg fast garantiert – besonders dann, wenn Sie Ihren ausländischen Akzent so geschickt zu verwenden verstehen, daß Sie einerseits als Nichtamerikaner sich sozusagen Narrenfreiheit verschaffen, andererseits aber das amerikanische Englisch doch genügend beherrschen.

Und damit sind wir bei der Sprache angelangt; einem unerschöpflichen Thema, auf das hier nur einige dürftige Hinweise gegeben werden können.

Von Wördi über Kapríh und Kissindscher zu Ms

Der Amerikaner hat eine von der unseren grundsätzlich verschiedene Einstellung zur Sprache. Niemand hat ihm je den Gedanken nahegelegt, daß Sprache etwas Ehrwürdiges ist, ein natürliches Lebewesen, das, wenn nicht gepflegt und erhalten, sehr rasch entartet und verkümmert. Das Bestehen einer *Académie Française* oder ähnlicher Sprachautoritäten in anderen europäischen Ländern erscheint ihm höchstens als der Ausdruck typisch europäischen Verhaftetseins in Tradition. Sprache ist für ihn Verbrauchsmaterial, wie Papiertaschentücher; er kann mit ihr anfangen, was er will, und er hat keine innerliche Beziehung zu ihr. Mit dieser Beziehungslosigkeit dürfte – wenigstens zum Teil – seine notorische Unfähigkeit zusammenhängen, Fremdsprachen zu erlernen. Und überhaupt: Wer braucht schon Fremdsprachen, wenn er auf einem Riesenkontinent lebt, auf dem er Tausende von Kilometern in jeder Richtung reisen kann und immer noch im selben Sprachraum ist? Zugegeben, in Neu-

England klingt das amerikanische Englisch anders als in Alabama, doch kommt dieser Unterschied zum Beispiel auch nicht annähernd an den zwischen der Umgangssprache St. Pöltens und St. Gallens heran. Zu dieser Sprachgleichschaltung trägt die ungeheuere Mobilität der amerikanischen Bevölkerung bei. In den Städten, vor allem in den Industriegebieten, wechseln Wohnhäuser (die meist Einfamilienhäuser sind) im Durchschnitt alle zwei Jahre ihre Besitzer. Nach einer anderen Statistik ziehen 25 Millionen Amerikaner jedes Jahr um.

Der Amerikaner erwartet von Ihnen, daß Sie sich irgendwie, schlecht oder recht, des Verbrauchsmaterials *English made in USA* bedienen. Von Oscar Wilde stammt der Ausspruch, daß England und Amerika zwei Länder sind, die eine gemeinsame Sprache trennt. Und wenn Sie als Kontinentaleuropäer englisches Englisch gelernt haben, dann hat Wildes Aphorismus auch für Sie Bedeutung. Sie werden nämlich bald bemerken, daß so manche Dinge in Amerika anders heißen als in England. Benzin ist *gasoline* oder schlicht *gas* und nicht *petrol*; ein Wohnwagen heißt *trailer* und nicht *caravan*; ein Lastwagen ist ein *truck* und heißt nicht mehr *lorry*; eine Autobahn ist ein *freeway* oder *highway* (in den Staaten der Ostküste auch *parkway* oder *turnpike* genannt) und nicht ein *motor way*; Freizeithosen heißen *pants* und nicht *slacks* (*slacks* sind in Amerika die eleganten Stoffhosen); für Herbst sagt man *fall* statt *autumn* und so weiter. Das international als Aluminium bekannte Leichtmetall wurde im amerikanischen Englisch aus unerfindlichen Gründen zum *aluminum*, obwohl das hier eliminierte *i* in allen anderen Namen von Elementen mit der gleichen Endung (*uranium*, *calcium*, *potassium* und so weiter) anstandslos weiterlebt. *Indian* bedeutet in Großbritannien bekanntlich Inder bzw. indisch; in den USA dagegen bezieht sich das Wort praktisch immer auf die Ureinwohner Amerikas, also auf Indianer bzw. indianisch. Nur selten, und dann meist nur zur Vermeidung von Mißverständnissen, liest man auch *American Indian*. Ein Inder dagegen ist *a native of India*, *Indian from India* oder eventuell auch *Indian Indian* oder *East Indian*.

Daß die amerikanische Rechtschreibung das englische *ou* in der Endsilbe von Hauptworten wie *labour*, *honour*, *behaviour* abgeschafft hat, dürfte Ihnen bekannt sein. In den USA schreibt man also *labor, honor, behavior*. Diese Vereinfachung gilt aber nicht auch für die Endsilben von Eigenschaftsworten wie *dangerous, righteous, glamorous* und unzählige andere. Der Buchstabe *s* der englischen Verbalendsilbe *-ise* (die dem deutschen -isieren entspricht) bzw. der englischen (und identischen deutschen) Hauptwortendung *-sation* wird in Amerika zu z; man schreibt also *industrialize* statt *industrialise*, *organization* statt der englischen *organisation* und so weiter. Immer häufiger findet man selbst in Sachbüchern, Geschäftsbriefen und dergleichen die saloppe Verwendung von *isn't, hasn't, aren't* und ähnlicher Scheußlichkeiten, die allein schon deswegen sinnlos sind, weil sie im Vergleich zur korrekten Schreibweise (also zum Beispiel *is not*) nur eine einzige Leerstelle einsparen.

Und da wir gerade beim Schreiben sind: Vergessen Sie nicht, daß die angloamerikanische Eins ein mehr oder weniger senkrechter Strich ist und nicht eine Art spitzer Winkel (1) wie in der Schreibweise der meisten europäischen Länder. Letzteres Gebilde dürfte der Amerikaner zögernd als 7 auffassen, besonders weil seiner Sieben der kurze Querstrich fehlt, der für uns diese Zahl vor möglichen Verwechslungen mit der Eins bewahrt. Eine europäische Sieben, also mit Querstrich (7), hält er fast sicher für den Buchstaben F. Zu welchen Konfusionen das führen kann, läßt sich denken. Umgekehrt ist dem Europäer die Verwendung des Zeichens # (»pound« genannt) statt *No.* (das heißt Nummer) nicht unbedingt bekannt.

Wenn Sie buchstabieren müssen, zum Beispiel am Telefon, denken Sie bitte daran, daß der Buchstabe *z* nicht wie im Englischen »zet« heißt, sondern »sih« (mit weichem *s* wie in der norddeutschen Aussprache von *S*aft und *S*eele), und daß er sich daher hervorragend zur Verwechslung mit dem Buchstaben *c* eignet, der, wie im englischen Englisch, »ssih« (mit scharfem *s*) ausgesprochen wird. Die Zahl Null wird selten als *zero* oder *naught*, sondern meist (besonders am Telefon) mit dem Buchstaben O (*o-uh* ausgesprochen) wiedergegeben.

Gelegentlich hat ein und dasselbe Wort in den beiden Ländern verschiedene Bedeutung. In Band 3 seiner Geschichte des Zweiten Weltkriegs erwähnt Churchill ein klassisches Beispiel: Die britischen Stabschefs hatten ein Exposé vorbereitet, dessen sofortige Behandlung ihnen so wichtig erschien, daß sie ihre amerikanischen Kollegen ersuchten, *to table it* – was in seiner britischen Bedeutung »auf die Tagesordnung setzen« heißt. Was sie aber nicht wußten, war, daß im amerikanischen Englisch *to table a paper* den Sinn von »den Wisch in der Schublade verschwinden lassen« hat. Da aber auch den Amerikanern an der sofortigen Behandlung der Sache gelegen war, entbrannte eine lange und hitzige Debatte, bis es beiden Seiten schließlich dämmerte, daß sie von Anfang an gleicher Meinung gewesen waren.

Weitere Probleme ergeben sich aus der vom englischen Englisch verschiedenen Aussprache derselben Worte. Der Buchstabe *o* in geschlossener Silbe behält im Englischen seinen *o*-Wert bei, während er in den USA praktisch zu einem *a* wird. Dadurch werden beispielsweise die englischen Worte *not, hot, Bob, Tom* im Munde des Amerikaners zu »nat«, »hat«, »Bab«, »Tam«. Hören Sie also das Wort »nat«, so können Sie es nur dem Zusammenhang entnehmen, ob der Amerikaner »nicht« (*not*) oder »Nuß« (*nut*) meint. Besonders verwirrend ist es mit *can't*, das in England bekanntlich »kahnt« ausgesprochen wird, in Amerika dagegen »kähnt«, wobei außerdem das *t* halb verschluckt wird und daher unklar bleibt, ob *can* oder *can't* gemeint ist.

Noch mehr als der Engländer hält es der Amerikaner für selbstverständlich, daß zum Beispiel schon die alten Römer sich der englischen Phonetik bedienten und daher die fünf Vokale *a, e, i, o* und *u* als »äh«, »ih«, »ai«, »o-uh« und »juh« aussprachen. Latein aus amerikanischem Munde klingt dementsprechend. Kompliziert wird der Sachverhalt zusätzlich dadurch, daß – wie Sie schon in Ihrer allerersten Sprachstunde bemerkt haben dürften – zwischen englischer Rechtschreibung und Aussprache ein nur sehr dürftiger Zusammenhang besteht. Es hat also wenig Zweck, wenn jemand, dessen Name zum Beispiel Tiefenbrunner oder sogar einfach Schiller ist, zu erklären versucht, daß sein Name so geschrieben wie ausgesprochen wird. Für den Angloamerikaner gibt es praktisch keine Worte, die man genauso schreibt, wie man sie ausspricht, und die eben erwähnte Bemerkung, die in allen anderen indoeuropäischen Sprachen Sinn hat, erhöht nur seine Verwirrung.

Der Umlaut *ü* macht dem Angloamerikaner mindestens so viel zu schaffen wie vielen Ausländern das englische *th*. Ob er das *ü* wirklich nicht aussprechen kann oder ob ihm in der Schule bloß eingehämmert wurde, daß es sich dabei um einen »uh«- oder »juh«-Laut handelt, kann ich nicht beurteilen. Wollen Sie amerikanisch klingen, dann nennen Sie Debussys (»Debjùssihs«) Klavierstück »Klähr de lunn«; sagen Sie nicht Etude, sondern »éttjuhd«, »Pastschuhr« statt Pasteur und »däbbjuh« statt Debut.

Vergessen Sie ferner nicht, daß Fremdwörter im amerikanischen Englisch unerbittlich auf der vorletzten Silbe betont werden. Die Kuppel heißt daher »kjupóuhla«, die Gondel »gondóuhla« und die Stadt Modena natürlich »Modíhna« und Paprika »Papríhka«. In ähnlicher Weise werden Eigennamen vergewaltigt (von Namen wie Eisenhower und Kennedy abgesehen), wovon der Schreiber dieser Zeilen ein Lied singen könnte. Wenn Sie möglichst bald für einen wirklichen Amerikaner gehalten werden wollen, verwenden Sie also nur die korrekte Fehlaussprache nichtenglischer Worte und Namen. Der Komponist von *Aida*, *La Traviata*, *Rigoletto* und vieler anderer Opern heißt natürlich »Wördi«; die neckischen Dreiviertelhosen, die vor allem in Miami getragen werden und nach denen anscheinend auch eine Insel im Golf von Neapel benannt wurde, heißen »Kapríh«; der Name der Familie Rothschild setzt sich für den Angloamerikaner aus den beiden Wörtern »Roth« und »child« zusammen und wird daher »Róth-tschaild« ausgesprochen; und ein früherer Außenminister heißt Kissindscher – und dies ungeachtet der Tatsache, daß es Nähmaschinen Marke Singer gibt, die nicht »Sindscher« ausgesprochen werden. Kissinger heißt nun einmal Kissindscher, und clevere europäische Radioansager erfassten das sofort.

Ein bestimmter Autotyp heißt »Kuhp«, und wenn Sie auf Coupé bestehen sollten, beweist das nur, wie ungebildet Sie sind. Die Währung der Bundesrepublik hieße ein für allemal Deutschemark, wobei das überflüssige *e* der Automarke Porsche weggenommen wurde – der Wagen heißt nämlich »Porsch«, gleichgültig, wie sehr Sie dagegen protestieren mögen. Der Oberkellner in eleganten Restaurants ist der *Maître De* (»Dih« ausgesprochen); wovon er *Maître* ist, bleibt prinzipiell unausgesprochen, beziehungsweise er ist eben *Maître* von *De*. Der Lebenslauf, den Sie einem Gesuch beilegen, ist ein CV (»siwi« ausgesprochen), wobei mit Sicherheit kein Amerikaner weiß, daß dies einfach nur die Abkürzung von curriculum vitae ist. Einfach weggelassen wird das Wort *conditio* in akademischen Abhandlungen: »die nicht wegzudenkende Vorbedingung« ist »the sine qua non«. Daß das Unsinn ist, stört niemanden, da ja kaum jemand genug Latein versteht. Ähnlich ergeht's dem Spanischen in den Südweststaaten der Union. Die (mexikanische) Halbinsel *Baja California* heißt der Einfachheit halber »Baja« (dem die Bezeichnung »Nieder« für Niederösterreich entspräche); und besonders Grundstücksmakler und Stadtplaner leisten sich unzählige spanische Verballhornungen für Orts- oder Straßenbezeichnungen, wie Monta Vista, Misión Viejo, Casa Canala, usw.

Ebenfalls verschlampt wird im amerikanischen Schriftstil der Bindestrich, der im korrekten Englisch dem mühsam nach Sinn tastenden Ausländer einen gelegentlichen festen Halt bietet – wie etwa in den Formulierungen *world-wide, chocolate-covered, fun-filled.* Stoßen Sie also auf einen Satz wie *»He was a well known* *mostly self taught expert in problem solving«,* so nehmen Sie nicht einfach an, daß es Wortsalat ist, sondern überlegen Sie sich, wo der amerikanische Verfasser (oder sein Setzer) Bindestriche weggelassen haben könnte – nicht weniger als drei.

Ähnlich steht es mit der dem Europäer unerforschlichen Methode der Silbentrennung. Da für den Amerikaner ein Wort ein Zufallskonglomerat von Buchstaben ist, fällt es ihm sehr schwer, in ihm Silben zu erkennen. Die Wörterbücher stellen die Sache zwar als kinderleicht hin, indem sie tautologisch darauf verweisen, daß Worte jeweils zwischen zwei Silben getrennt werden. *I-so-late* scheint ein durchaus koscheres Beispiel; doch etwa bei den Worten *setting* und *selling* erweist es sich, daß auch die Wörterbücher sonderbare Ansichten von Silben haben. *Setting* muß nämlich (unserem Gefühl nach richtigerweise) in *set-ting* zerlegt werden; *selling* dagegen in *sell-ing*. Die Logik dahinter scheint zu sein, daß *set* auch ohne das zweite *t* ein Wort ist, *sel* ohne das zweite *l* aber nicht. Und in Befolgung dieser Regel kommt man unschwer bei Absurditäten wie *coward-ice* oder *mal-ice* an. Hat es damit zu tun, daß *coward* wie auch *ice* Wörter für sich sind? Anscheinend nicht, denn für *prejudice* verlangt das Wörterbuch rätselhafterweise die Trennung *prej-u-dice*. (Wie gesagt, Latein ist nicht die Stärke des Amerikaners.) Zerbrechen Sie sich darüber aber nicht weiter den Kopf, denn im Zeitalter des Computers sind selbst die Regeln der Wörterbücher zu archaischen Relikten geworden.

Wenn Sie wirklich »amörrikän« klingen wollen, ist es ferner *de rigueur*, das Wort *whom* aus Ihrem Sprachschatz zu verbannen. Bemühen Sie sich also, *»Who would you like to meet?«, »Somebody who I don't remember«* und ähnliches zu sagen, auch wenn es zunächst in Ohren und Seele schmerzen sollte. Sie gewöhnen sich schließlich daran, besonders wenn Sie sich die Sprache der Sportreporter und der Werbefachleute zum Vorbild nehmen. Empfehlenswert ist es auch, *»you and I«* prinzipiell im Nominativ zu belassen, also zum Beispiel *»This is for you and I«* (obwohl Sie vermutlich weiterhin *»This is for me«* sagen werden). Statt dem korrekten *half an hour* gewöhnen Sie sich *a half an hour* oder *a half-hour* an. Auch wenn Ihre Aussprache zu wünschen übrigläßt, wird man Ihnen diese ernsthaften Bemühungen wohlwollend anrechnen.

Stoßen Sie sich nicht daran, daß man sich Drittpersonen gegenüber auf Sie nicht als »gentleman« bzw. »madam« bezieht. Wie Umfragen bewiesen haben, findet der Durchschnittsamerikaner das Wort *gentleman* lächerlich, und *madam* ist sowieso seit langem die Bezeichnung für die Leiterin eines eleganteren Bordells. Verwenden Sie also auch Ihrerseits das robuste, herzliche *»this guy«* oder *»this man«*, auch wenn es sich um den Ihnen eben erst vorgestellten Präsidenten des Aufsichtsrats oder den schwedischen Botschafter handelt und auch wenn er noch direkt neben Ihnen steht und etwas rötlich anlaufen sollte. Auch *»Mac«* ist nicht schlecht, denn schließlich apostrophiert sie solcherart der Tankwart, und es ist die demokratische Entsprechung des englischen »*Guv'nor*« (das seinerseits ungefähr dem kaiserlich-wienerischen »Herr Graf« entspricht). Für Damen empfiehlt sich »*honey*« (oft zu »*hon*« verniedlicht) und »*love*«.

Das Hemdsärmelige liegt dem Amerikaner eben auch in seiner Sprache – außer wenn es sich um Körperfunktionen handelt. Dabei dürfen wir allerdings nicht vergessen, daß auch in Europa vor noch nicht allzu langer Zeit etwa die Erwähnung von Hosen nicht salonfähig war. Man sprach von Beinkleidern, und Unterhosen waren buchstäblich unaussprechlich. – Im alten *Simplicissimus* beschrieb ein Leutnant seinem adeligen Kameraden einen heißen Manövertag mit den Worten: »Doller Tach – die Mannschaften haben jeschwitzt wie die Säue un ich hab perspiriert wie'n Schwein!« Merken Sie sich diesen Witz, denn dieselbe Unterscheidung hat sich amüsanterweise in der amerikanischen Umgangssprache bis in die neunziger Jahre erhalten: Wenn Sie schon wirklich glauben, Schwitzen erwähnen zu müssen, dann empfehle ich, das ob seines lateinischen Ursprungs salonfähigere Wort *perspire* und nur ja nicht *sweat* zu benützen. Die lapidare Bemerkung »*no sweat*«, in ihrer Bedeutung von »Macht nichts« oder »Es war ein Vergnügen« (als Antwort auf den Dank für einen erwiesenen Gefallen), ist dagegen durchaus akzeptabel.

Was Toiletten betrifft, wird besonders verniedlicht. Während der Engländer meist ungeniert von *toilet* spricht, ist dieses Wort für seinen amerikanischen Vetter anstößig. Die bei weitem häufigste Umschreibung ist *bath room*. Es ist aber auch möglich, daß Sie zum Beispiel in einem Flughafen auf eine Tür mit der Aufschrift *Rest Room* stoßen und den Raum dankbar für so viel Dienst am Kunden betreten, da Sie müde sind und Ihr Anschlußflug erst in zwei Stunden geht. Sie werden dort die üblichen Installationen, nicht aber irgendein zur Rast einladendes Möbelstück finden. Für Damen existiert, wie in England, auch die Bezeichnung *Powder Room*, womit also nicht ein Pulvermagazin gemeint ist.

Was man in einem *bath room* tut – *ausgenommen* Händewaschen, Zähneputzen, Baden und Duschen –, heißt diskret *to go to the bath room*. Dies mag Sie um so mehr erstaunen, als der Amerikaner heutzutage den zutreffenden Vulgärausdruck *shit* (als Haupt- und auch Zeitwort) gern und vielfältig verwendet – nur bloß nicht zur Bezeichnung der betreffenden Tätigkeit, denn das wäre ordinär. Dafür verwendet er eben *to go to the bath room*, obwohl es mit dem Bad überhaupt nichts mehr zu tun haben braucht.

Sollten Sie, geneigte Leserin, besonderen Wert darauf legen, von Ihren amerikanischen Schwestern als wahrhaft emanzipiert und frei angesehen zu werden, so muß ich Ihnen schweren Herzens den Rat geben, sich im Gebrauch der Kraftwörter *shit* und besonders auch *fuck* zu üben. Aus Gründen, denen ich als Angehöriger der älteren Generation nicht folgen kann, gilt dies heutzutage als wesentlicher Beweis dafür, daß Sie die Fesseln des männlichen Chauvinismus abgeworfen haben und daher imstande sind, Ausdrücke zu verwenden, die bisher das fragwürdige Privileg ordinärer Mannsbilder waren. Aber bitte – auch *fuck* bloß nicht in seiner wahren Bedeutung! Wundern Sie sich also nicht, wenn Sie aus zartem Frauenmund etwa die groteske Formulierung vernehmen: »*My neighbour* [pardon, gemeint ist natürlich *neighbor*] *was fucking mad because my dog went to the bath room on his sidewalk* [dem englischen *pavement*, also Gehsteig].«

Und da wir gerade bei diesen heiklen Themen sind: Nur dem Arzt wird es in guter Gesellschaft verziehen, wenn er vom Erbrechen als *vomiting* spricht. Der gewöhnliche Mensch sagt *»I got sick to my stomach«*, obwohl es natürlich auch dafür eine Reihe anderer, weniger feiner Ausdrücke gibt.

Im Gegensatz zu England können Sie aber in den USA *bloody* als Kraftausdruck ohne größeres gesellschaftliches Stigma verwenden. Seine ursprüngliche, blasphemische Bedeutung (die Zusammenziehung des Ausrufs *»Bless our Lady!«*) ist dem Amerikaner nämlich nicht geläufig. Überhaupt die Blasphemien: Hüten Sie sich davor, in guter Gesellschaft selbst relativ harmlose Ausrufe wie »Gott«, »Himmel« und schon gar jeden Bezug auf die Hölle und den Teufel zu verwenden. Denn wenn die Sprache des Amerikaners schon »frei« ist, so frei von puritanischen Hemmungen ist sie doch wieder nicht.

Die deutsche Sprache teilt mit der lateinischen (und einigen wenigen anderen) den Vorteil, ein eigenes Wort für das menschliche Wesen zu haben. Die englische kennt nur *man* als Bezeichnung sowohl für den Menschen als auch für den Mann. Wie in allen anderen, ähnlich minderbemittelten Sprachen wurde diese Gegebenheit bis vor kurzem gelassen hingenommen. Je nach dem Zusammenhang war mit *man* eben der eine oder der andere Begriff gemeint (ganz ähnlich wie in den meisten indoeuropäischen Sprachen, einige slawische ausgenommen, ein Wort, *Tag*, entweder einen Zeitraum von 24 Stunden oder nur den Abschnitt zwischen Sonnenaufgang und -untergang bedeutet und daher im Begriff der Nacht sein Gegenteil hat). Die Menschheit hieß daher *mankind, chairman* bedeutete sowohl *der* wie *die* Vorsitzende, und die Feststellung *All men are mortal* hatte für Männer wie Frauen Gültigkeit.

Mit diesem beklagenswerten, männlich-chauvinistischen Zustand sind die Frauenrechtlerinnen nun im Begriffe aufzuräumen. Für sie ist es ein Ausdruck der jahrtausendelangen Unterdrückung der Frau, und da – wie wir noch sehen werden – in den USA jedes Problem universal und allgemeinverbindlich gelöst werden muß, beginnt die Umgangssprache von bizarren Neologismen zu strotzen. Offiziell fallen diese Bemühungen unter die Rubrik »Vermeidung von Sexismus«, und Berufsorganisationen, wie zum Beispiel die *American Psychological Association*, veröffentlichen in ihren Fachblättern seitenlange, tierisch ernste Leitlinien für den richtigen Sprachgebrauch, die an Tüftelei jenes des seligen Dr. Goebbels kaum nachstehen.

Greifen Sie sich also nicht an den Kopf, wenn Sie über Wörter wie *humankind, chairperson* oder *personpower* stolpern. (Nur das *Department of Manpower*, so werden wir belehrt, darf weiterhin so heißen.) Schließlich war ja schon Konfuzius davon überzeugt, daß aus der rechten *Benennung* auch die rechte *Wirklichkeit* folgt.*

---

* Der erste Preis gebührt hier zweifellos einer Dame aus Baby-

Aber stellen Sie sich andererseits vor, wie zum Beispiel unsere Gesetzbücher oder Lehrbücher der Medizin aussehen würden, wenn zur Vermeidung von Sexismus überall »der oder die Angeklagte« oder »der Patient oder die Patientin, der oder die hohes Fieber hat . . .« stehen würde. Etwas ähnliches aber wird nun in den USA ganz ernsthaft versucht und führt dazu, daß es in gewissen, besonders emanzipierten Veröffentlichungen von den holprigen Formulierungen *»he or she«, »he / she«* oder auch umgekehrt nur so wimmelt.

Von dieser Warte aus wurde es natürlich auch notwendig, etwas gegen das chauvinistische *»Gentlemen:«* zu unternehmen, das unserem »Sehr geehrte Herren« entspricht und bisher als anonyme briefliche Anrede bei Zuschriften an ebenso anonyme Ämter, Firmen, Institutionen usw. für richtig galt, und es verstand sich von selbst, daß dieser Brief genausogut von einem Mann wie einer Frau bearbeitet und beantwortet werden konnte. Die Kammerjäger der antisexistischen Sprachdesinfektion schlagen dafür die Neubildung *»Gentlepersons:«* vor. Sogar Präsident Carter hielt es 1977 für angebracht, sich in einer offiziellen Würdi-

lon (*nomen est omen*) im Staate New York. Laut *Associated Press* vom 16. 12. 1977 erwirkte sie die behördliche Bewilligung zur Änderung ihres Namens von Ellen Cooperman in E. Cooperperson. »Ich wollte damit zum Ausdruck bringen, wie ernst es mir um den Sexismus der Sprache ist. Ich glaube, wenn man die Sprache ändert, ändert man auch menschliche Einstellungen.«

gung auf den skandinavischen Entdeckungsfahrer Leif Erikson als *»that brave Norseperson«* zu beziehen, was die Washingtoner Presse mit gebührender Heiterkeit zur Kenntnis nahm. Laut *Associated Press* war Erikson anläßlich derselben Gedenkfeier im Jahre 1978 dann aber doch wieder ein Norse*man* (Nordländer).

In diesem Zusammenhang ist ferner ein Neologismus zu erwähnen, der aus der angeblichen Notwendigkeit geboren wurde, ebenfalls zur Vermeidung von Sexismus die Unterscheidung zwischen Frau und Fräulein – *Mrs.* und *Miss* – fallenzulassen und für beide Arten von weiblichen Wesen die Standardbezeichnung *Ms* einzuführen, die auch so auszusprechen ist. In ihrer seltsamen Vokallosigkeit bringt sie das moderne Englisch in die Nähe des berühmten tschechischen Satzes *»Strč prst skrz krk«* (Steck den Finger in den Hals), der, wie Sie sehen, auch nicht einen einzigen Vokal enthält.

Daß die amerikanische Frau den Wunsch nach einem Sondertitel haben soll, wird verständlicher, wenn man herausfindet, daß sie im konservativen Amerika bei Heirat nicht nur den Familiennamen, sondern auch den Vornamen des Mannes übernimmt und von da an offiziell (also zum Beispiel in brieflicher Anschrift, bei Vorstellungen, in der Zeitung und so weiter) Mrs. Charles Brown heißt. Merkwürdig steif klingt auch die – im Aussterben begriffene – Sitte beider Ehegatten, sich Drittpersonen gegenüber auf den abwesenden oder sogar anwesenden Partner nicht mit

»*my husband*« bzw. »*my wife*«, sondern mit »*Mr. Brown*«
oder »*Mrs. Brown*« zu beziehen.

Noch konservativer und neckischer ist aber schließlich der Brauch, Männer allgemein als *boys* und Frauen
als *girls* zu bezeichnen. Der Satz »*We boys went to smoke
our cigars, while the girls stayed behind to talk about recipes*«
bezieht sich offensichtlich nicht auf eine Kindergar-
ten-, sondern eher auf eine Altersheimparty.

Und zum Thema Alter, über das in einem folgenden Kapitel noch einiges zu sagen sein wird, werden
Sie bald bemerken, daß der Amerikaner sich auf sein
Kindes- oder Jugendlichenalter niemals mit einer Angabe wie »Ich war damals soundso viele Jahre alt«
rückbezieht, sondern unter Hinweis auf die damalige
Schulstufe, also etwa: »*This was in* 7th *grade*« oder (dem
uneingeweihten Europäer praktisch unverständlich):
»*I was a sophomore then.*«

Ein weiteres Problem ist das fehlende Du. Selbstverständlich wissen Sie, daß das moderne Englisch nur
über die Anredeform *you* sowohl zum Ausdruck des
Sie wie auch des *Du* verfügt. Es wird Ihnen aber vielleicht erst in Amerika auffallen, wieviel praktische
Wahrheit in der Feststellung der Sprachwissenschaftler
steckt, daß Sprachen ihre eigene Wirklichkeit erzeugen. Die sehr wichtige Nuancierung, die in den übrigen indoeuropäischen Sprachen durch die Verfügbarkeit mindestens zweier Anredeformen besteht, fällt im
Englischen weg. Das sehr persönliche Erlebnis des An-
bietens oder Annehmens der Du-Brüderschaft, die

subtile Art und Weise, in der sich eine Sie-Beziehung von einer Du-Beziehung unterscheidet, sind dem Angloamerikaner unbekannt. Man würde daher annehmen, daß seine Sprache dieses Fehlen in irgendeiner anderen Form auszugleichen versucht. Das genaue Gegenteil ist der Fall: Selbst die bestehenden Differenzierungen werden möglichst rasch gleichgeschaltet, so vor allem der Unterschied zwischen dem distanzsetzenden Gebrauch des Familiennamens (mit vorangesetztem Herr, Frau oder Fräulein) und der Intimität der Verwendung des Vornamens. In öder, unpersönlicher (aber offiziell stolz als demokratische, aufgeschlossene Freundlichkeit deklarierter) Unterschiedslosigkeit werden Vornamen sowohl dem geliebtesten Wesen gegenüber wie zur Anrede des (und seitens des) Tankwarts und Barmixers verwendet. Die in Europa gebräuchliche Nennung des bloßen Familiennamens (»Walder«), wann immer man sich selbst jemandem vorstellt, löst im Amerikaner eine Art Schock aus, den er fast unweigerlich mit der Frage nach Ihrem Vornamen zu überwinden versucht. Und wenige Minuten später verwendet auch der Bankbeamte oder Versicherungsagent bereits Ihren Vornamen (und wiederholt ihn in fast jedem Satz), als wären Sie und er Kumpane seit Jahrzehnten. Überhaupt sind Namen für den Amerikaner nicht etwas Privates, ein Ausdruck von Individualität, sondern eher das Gegenteil, nämlich sozusagen öffentliches Eigentum. Sie können befingert werden, man trägt sie stolz und in Großbuchstaben auf dem Gepäck, der Krawatte oder sogar über der Nummerntafel des Autos. Den Gipfel plastischer Surrogatbrüderschaft stellen die Namenskärtchen dar, die Konferenzteilnehmer sich auf die Brust kleben und auch außerhalb der Sitzungsräume tragen. Unter dem Namen der Tagung, zum Beispiel *The American Dandruff Society Convention 2002*, prangt der herzliche Ausdruck: *»Hi, my name is …, what's yours?«* Auch die Lieblinge des öffentlichen Lebens sind selbstverständlich allgemein mit ihren Vornamen bekannt; nur der Ungebildete weiß nicht, daß Liz und Dick Filmschauspieler waren; Rosemary die einstige Sekretärin Präsident Nixons, der das bedauerliche Malheur unterlief, 18 Minuten Tonband versehentlich zu löschen; Patty die Tochter des Zeitungsmagnaten Hearst und ehemaliges hilfloses Opfer der »symbionesischen Befreiungsarmee«, und so weiter.

Was an Familiennamen eingespart wird, wird bei Ortsangaben wieder vergeudet. Angesichts der Riesigkeit des Landes und der Tatsache, daß ein und derselbe Ortsname nicht selten mehrere Städte in verschiedenen Bundesstaaten bezeichnet[*], wird es dem Amerikaner schon in der Volksschule beigebracht, nach jedem Städtenamen auch den Namen des betref-

---

[*] So gibt es zum Beispiel je ein Charleston in Illinois, Mississippi, Missouri, South Carolina und West Virginia; ein Albany in Georgia, New York, Missouri, Oregon und Kalifornien, und gut 20 über das ganze Staatsgebiet verstreute Städte namens Paris.

fenden Bundesstaates anzugeben. Bei kleineren Städten hat das unleugbare praktische Vorteile; *»Chicago, Illinois«* oder gar das beliebte *»New York, New York«* scheint dem Europäer aber denn doch doppelt gemoppelt und *»London, England«* oder *»Paris, France«* vollends lächerlich bzw. eine Unterstellung geographischer Ignoranz des Gesprächspartners. Doch am einmal Erlernten hält man fest; ärgern Sie sich also nicht, wenn auch gebildete Amerikaner Ihnen von ihrer Europareise berichten: *»We first flew to Oslo, Norway, then to Brussels, Belgium, and then we went to see my wife's relatives in Turin, Italy.«* Nichts liegt ihm ferner, als zu insinuieren, Sie wüßten ohne seine Erklärung nicht, wo diese Städte sind. Er will sich nur korrekt ausdrücken.

Korrekt ist es in jeder Kultur auch, gewisse Höflichkeitsfloskeln zu verwenden, die längst jedes konkreten Sinnes entleert und daher nicht ernst zu nehmen sind. Beispiele dafür sind in den Staaten die Bemerkungen *»Thanks for calling«* als Abschluß eines Telefongesprächs (auch wenn Ihr Gesprächspartner Sie mit Verbalinjurien überhäuft haben sollte); *»See you later«*, was den ahnungslosen Europäer besonders dann verwirrt (und je nach dem Geschlecht des Sprechers falsche Hoffnungen erwecken kann), wenn diese Floskel (die ganz unverbindlich »Auf Wiedersehen« bedeutet) bei mitternächtlicher Verabschiedung verwendet wird; *»Hurry back«* oder *»Come back soon«*, wenn keinerlei Pläne für ein neuerliches geselliges Zusammentreffen bestehen. – Unser europäisches »Mahlzeit!« dagegen hat keine amerikanische Entsprechung, während »Prost!« durch eine ganze Reihe verschiedener Zurufe ausgedrückt wird.

Noch mehr als in Europa steht die Sprache im Dienste des Scheins statt des Seins. Und nicht nur die Sprache, sondern auch vieles andere. Was echt *aussieht*, ist für den Amerikaner echt – oder wenigstens fast echt. Die pompöse Auffahrt zum Cesar's Palace Hotel in Las Vegas mit ihren Zypressen und pseudoantiken Gipsstatuen, umbrandet von farbenprächtig angestrahlten Springbrunnen, will offensichtlich ernst genommen sein, will überzeugend eine Illusion vermitteln und ist nicht nur als Monsterkarikatur gedacht. Die sündteuren Segelyachten, die Sie vom Speisesaal des Disneyland Hotels aus bewundern können, sind zwar wirkliche Yachten in einer Art Schwimmbad, haben aber nur die Funktion, im Gast den Eindruck eines Restaurants am Meer zu erwecken – obwohl der Gast genau weiß, daß er weit von der Küste in der Ebene des ausgetrockneten Santa Ana River sitzt. All dies kommt einem um so merkwürdiger vor, als die Amerikaner sich selbst für praktische Realisten halten, während sie uns nur zu oft als kindliche Utopisten erscheinen, die von der sie umgebenden nichtamerikanischen Welt keine blasse Ahnung haben – und daher auch keine Ahnung von ihrer Ahnungslosigkeit. Dies wird dem europäischen Besucher deswegen sehr rasch klar, da er notgedrungen Konsument der amerikanischen Massenmedien wird.

Presse, Radio, Fernsehen

Mit Ihrer Ankunft in den Staaten sind Sie unverse-hens in ein Informationsvakuum eingetreten. Diese Behauptung mag Ihnen um so unwahrschein-licher vorkommen, als Sie sicherlich von der berühm-ten Meinungs- und Ausdrucksfreiheit Amerikas gehört haben. Mit dieser Freiheit aber hat es seine eigene Be-wandtnis, denn auch hier werden Sie auf den Unter-schied zwischen Schein und Sein stoßen, von dem eben die Rede war.

Der Amerikaner hat freiwillig und spontan einen Grad der Informationsverarmung und Meinungs-steuerung erreicht, den jede um die Milch der from-men Denkungsart ihrer bockigen Untertanen besorgte volksdemokratische Regierung nur mit grünem Neid zur Kenntnis nehmen kann. *Wie* es dazu kam, darüber könnte ich nur dilettantisch spekulieren. *Daß* es so ist, werden Sie sehr bald feststellen. Die vielgerühmte und vielpropagierte Meinungs- und Pressefreiheit Ameri-kas besteht – darüber gibt es keinen Zweifel. Jedermann kann die Obrigkeit nach Herzenslust kritisieren, wirkliche oder vermeintliche Mißstände anprangern und auch den Präsidenten in einer Weise abkanzeln, die unsere zartbesaiteten europäischen Politiker mit »Ehren«-Beleidigungsklagen zum Kadi laufen ließe. Niemand schreibt dem Staatsbürger vor, was er denken, glauben und fühlen muß. Aber der Amerikaner hat diese Freiheit entweder für das Linsengericht der wohligen Gleichschaltung verkauft, oder er hat von ihr überhaupt nie Gebrauch gemacht. Das Resultat ist im einen wie im anderen Falle dasselbe: Man kann sich in den USA nicht einmal in dem Grade über das Weltgeschehen informieren, wie einem das jedes europäische Provinzblatt wenigstens in großen Zügen ermöglicht. Zugegeben, es gibt einige große Zeitungen, an ihrer Spitze die *New York Times* (deren Sonntagsausgabe oft über hundert Seiten oder 150 000 Druckzeilen umfaßt). Aber sie, ebenso wie die *Washington Post* oder (überraschenderweise) der *Christian Science Monitor*, ist eine Ausnahme. Und wie auch auf der übrigen Welt sind die amerikanischen Zeitungen auf die Bedürfnisse ihrer Leser zugeschnitten; Bedürfnisse, von denen man allerdings kaum feststellen kann, ob sie Ursache oder Wirkung dieser Form der Nachrichtenversorgung sind.

Es mag zutreffen, daß das Interesse am Weltgeschehen im Quadrat der Entfernung zu den Brennpunkten dieses Geschehens abnimmt; daß zum Beispiel die Entwicklung der Lage in Jugoslawien dem Bewohner von Omaha schnuppe ist. Auch der Stil der Blätter bleibt weitgehend derselbe, und böse Zungen behaupten, daß sich die Ausbildung eines Journalisten im Erlernen von drei Regeln erschöpft: 1. *Tell them what you are going to tell them;* 2. *Tell them;* 3. *Tell them what you have just told them* (auf deutsch infolge der mehrfachen Bedeutung von *tell* nicht ganz so prägnant etwa: 1. Erkläre ihnen [das heißt, den Lesern], was du ihnen sagen wirst; 2. Sag es ihnen; 3. Erkläre ihnen, was du eben gesagt hast). Die erste Hälfte einer Meldung der *Associated Press* vom 4.10.1977 kann stellvertretend für den stereotypen Stil Hunderter solcher Nachrichten stehen:

> Verteidigungsminister Harold Brown sagte heute, daß die Russen nun imstande sind, einige Weltraumsatelliten anzugreifen, eine Entwicklung, die er »etwas beunruhigend« nannte.
>
> Brown gab auf einer Pressekonferenz bekannt, daß die Sowjetunion »eine operationelle Möglichkeit hat, die gegen einige Satelliten angewendet werden könnte«.
>
> Er sagte: »Ich finde das etwas beunruhigend.«

Launisch aufgelockert werden diese Produkte dann durch die Elaborate der sogenannten *columnists*, die alltäglich, jahraus, jahrein und an derselben Stelle im Innern des Blattes bestimmte Ereignisse entweder humorvoll verniedlichen oder in einer Weise kommentieren, die ohne Zweifel für jeden Leser mit einem Intelligenzquotienten von 85 belehrend ist. Die *columnists* genießen hohes öffentliches Ansehen, und den jeweils neuesten Beitrag nicht gelesen zu haben gilt in gewissen Kreisen als ausgesprochene Bildungslücke, die höchstens durch Unkenntnis der letzten Baseball- oder Football-Ergebnisse übertroffen werden kann.

In der Presse erwähnt zu werden, womöglich gar mit Fotografie, scheint der Wünsche höchster unzähliger Amerikaner zu sein. Hierzu eine Meldung, die mit Foto am 16.2.1977 durch die Presse ging:

Heute morgen während des Stoßverkehrs bestieg ein Mann einen der Türme der Golden-Gate-Brücke und saß dort eine Stunde lang im Nebel. Seine Beweggründe waren unklar; die Polizei aber meldet, daß er nur wissen wollte, ob er in die Zeitung kommen würde. Als ihm das zugesichert wurde, stieg er herunter.

Die Meldung ist allerdings deswegen atypisch (und die Wirkung des Unternehmens verpuffte), weil er leider nicht namentlich genannt wurde. Die genaue Namensnennung ist nämlich das Wichtigste, und deshalb werden Sie zum Beispiel auf Seite 1 der Zeitung das herzig-rührende Bild eines Zweijährigen sehen, der in einer Pfütze herumplanscht, und der Text informiert Sie, daß es sich um den kleinen Rickie Cadwallader aus Cincinnati, Ohio, handelt. Diese Form der Berichterstattung fällt unter die Rubrik *human interest story* und ist ihrerseits Anlaß zu noch rührenderen Zuschriften alter Damen an die Redaktion.

Etwaige Leerstellen werden mit allgemeinbelehrenden Nachrichten ausgefüllt. So findet man etwa im Anschluß an die Bemerkungen des Senators XYZ zur Lage im Libanon die erbauliche Mitteilung: Das europäische Großherzogtum Luxemburg hat eine Fläche von 999 Quadratmeilen und eine Bevölkerung von 334 790 Einwohnern.

Glauben Sie nicht, daß Sie dieser Informationsverarmung dadurch entgehen können, daß Sie sich einfach weiterhin Ihre gewohnte europäische Tageszeitung kaufen. Wenn überhaupt, kommt diese nämlich per Schiff an und hinkt daher mindestens drei Wochen hinter den Geschehnissen her. Die einzige mir bekannte Ausnahme ist die Luftpostausgabe der *London Times* und die alle zwei Wochen ebenfalls auf Dünndruckpapier herauskommende Sammelnummer des *Manchester Guardian* (mit Übersetzungen von Artikeln aus *Le Monde*). Ein weiteres Problem mit den ausländischen Zeitungen und Zeitschriften ist, daß sie selbst in Großstädten nur an ganz wenigen Stellen erhältlich sind, die der sich nur vorübergehend aufhaltende Reisende schwer findet. An deutschsprachigen Tages- und Wochenzeitungen liegen meist die *Frankfurter Allgemeine Zeitung,* die *Neue Zürcher Zeitung, Die Welt* und *Der Spiegel* auf.

Die unzähligen amerikanischen Radiostationen sind

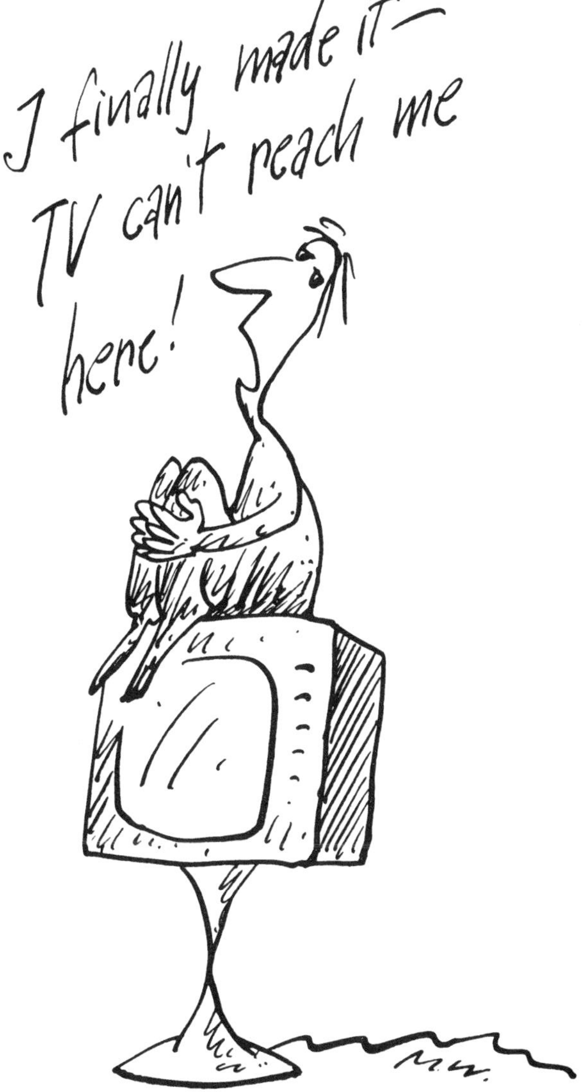
I finally made it—
TV can't reach me
here!
M.W.

in Privathand und leben von ihren Reklamesendungen. Als Unterhaltungsmedium haben sie heute, im Zeitalter des Fernsehens, praktisch keine Bedeutung mehr, wohl aber als Geräuschkulisse und -berieselung. Viele sind anscheinend vollautomatisiert, und wenn mit Platte oder Tonband mal etwas schiefgeht, dann läuft das Werkel so lange leer, bis es jemand bemerkt. Verlassen Sie sich auch nicht auf die Zeitangaben der Radiostationen (Zeitzeichen im europäischen Sinne senden sie sowieso nicht); Sie werden gelegentlich Abweichungen von mehreren Minuten feststellen können. Die einzig wirklich zuverlässige Zeitangabe vermittelt Ihnen das Telefon.

Mit zwei Ausnahmen ist nichts typisch Amerikanisches über das Fernsehen zu sagen, denn wie anderswo auf der Welt erfüllt es seine Funktion der Vertrottelung und Verrohung der Menschheit.* Die eine Aus-

---

* Im September 1977 begann in Miami der Prozeß gegen einen Fünfzehnjährigen, der eine 82jährige Frau ermordet hatte, als sie ihn beim Einbruch in ihre Wohnung überraschte, und dessen Verteidiger ihn als »fernsehsüchtig« hinstellte, das heißt als Opfer »unfreiwilliger, subliminaler Beeinflussung« durch die Brutalität der Fernsehprogramme. Sehr zur offensichtlichen Erleichterung der Fernsehgesellschaften verwarf das Gericht die Idee der Fernsehsüchtigkeit als Milderungsgrund. – Wie sich nun herausstellt, war die Freude von kurzer Dauer, denn der Verurteilte hat inzwischen aus der Not eine Tugend gemacht und Schadenersatzklagen gegen die drei größten Fernsehgesellschaften eingebracht, in denen er eine Million Dollar für jedes Jahr fordert, das er hinter Gittern verbringen muß.

nahme ist das viel größere Programmangebot, das aber alle fünf oder zehn Minuten durch bis zu fünf Werbesendungen unterbrochen wird, die ja schließlich das Ganze finanzieren. Ausnahmen sind die Sendungen des von meist privaten Spenden lebenden *Public Broadcasting System* und die des Kabelfernsehens. Zum zweiten werden Sie bald entdecken, daß die Nachrichtensendungen noch dürftiger sind als die Meldungen der Presse und des Radios. Die von den meisten Amerikanern gesehene Nachrichtensendung verschiedener Kanäle dauert von 19 Uhr bis 19.30. Von dieser halben Stunde gehen aber fast zehn Minuten für Reklame drauf, während die eigentlichen Nachrichten aus Innenpolitik und Lokalmeldungen bestehen, deren Auswahlkriterien unerforschbar sind. Die durchschnittliche Zahl an Weltnachrichten oder sonstigen Auslandsmeldungen dürfte selten vier überschreiten. Wenn man sich nun überlegt, daß diese Nachrichtensendung die hauptsächliche, wenn nicht ausschließliche Informationsquelle der meisten Amerikaner ist, so dürfte meine Behauptung über die Selbstzensur und die sich daraus ergebende Ahnungslosigkeit des Amerikaners in bezug auf das Weltgeschehen nicht mehr so unglaublich scheinen.

Ob die Amerikaner mehr oder weniger beharrlich vor der Flimmerkiste sitzen als die Europäer, kann ich nicht sagen. Nach Angaben der Medienforscher sollen viele Kinder aber bis zu 80 (!) Stunden pro Woche im Zustand passiven Glotzens verbringen. Im Sommer

1977 finanzierte die *Detroit Free Press* ein sehr interessantes Forschungsprojekt: Die Reporter dieser Zeitung boten eine Prämie von $ 500 den Familien an, die sich bereit erklärten, einen Monat lang auf das Fernsehen zu verzichten (ihr Apparat wurde von einem Mechaniker betriebsuntauglich gemacht und plombiert). Die erste Überraschung war, daß von 120 wahllos aus dem Telefonbuch gewählten Familien 93 von dieser Idee nichts wissen wollten. Von den restlichen 27 Familien wurden fünf gewählt, die in Hinsicht auf Einkommen, Beruf, Kinderzahl usw. einen annehmbaren Querschnitt durch die Bevölkerung darstellten.

Der Abschlußbericht erwähnt unter anderem, »daß es anscheinend tatsächlich eine Fernsehsucht mit dementsprechenden ernsten Abstinenzerscheinungen gibt. Einige Leute verloren buchstäblich ihre Fassung. Sie wußten einfach weder aus noch ein.« In einer dieser Familien, die wöchentlich 70 Stunden fernsah, schnellte der Zigarettenkonsum des Vaters von 20 auf 50, während die Mutter an nervösen Kopfschmerzen zu leiden begann. Andererseits gingen die Eltern öfters aus, sprachen mehr miteinander, lasen mehr, spielten öfters mit den Kindern und gingen früher zu Bett – aber nicht nur, um zu schlafen.*

* Hanauer, Joan: »*The Tube Unplugged – 5 Families Describe Painful Ordeal*«. San Francisco Chronicle Date Book, 8. 1. 1978, S. 21.

Ein Kapitel für sich, das ich nur ganz am Rande erwähnen kann, ist schließlich die Verwendung subliminaler (das heißt nicht bewußt wahrnehmbarer) visueller oder akustischer Reize in Spielfilmen (und daher auch im Fernsehen) und Radiosendungen – vor allem aber in der Werbung, die sich dieser Medien bedient. Die Welt der unbewußten Zeichen und Symbole, die Freud als erster zum Zwecke ihrer Bewußtmachung und Integrierung beschrieb und deutete, wird hier ganz konsequent im umgekehrten Sinne dazu mißbraucht, unbewußte Reize zu vermitteln, Stimmungen und Neigungen zu steuern, Bedürfnisse und Abhängigkeiten zu schaffen und den Konsumenten auf diese Weise ohne sein Wissen in den Kauf eines bestimmten Erzeugnisses hineinzuhypnotisieren. Wie das praktisch gemacht wird, darüber besteht bereits eine umfangreiche Literatur, die auch der europäischen Werbung längst bekannt ist.

Was schließlich den Intelligenzgrad und die Sprachverhunzung der Werbung in den Massenmedien angeht, kann des Sängers Höflichkeit ruhig schweigen – sie ist längst zur internationalen Plage geworden. Und auch in Europa kann es Ihnen bereits passieren, daß Sie von der Gebrauchsanweisung eines neu gekauften Geräts mit den freundlichen Worten angesprochen werden: »Wir gratulieren Ihnen; Sie sind nun der stolze Besitzer eines Elektrosoundsos …« Den Vogel aber schießt die »Güte«-Bezeichnung *nationally advertised* (etwa: im ganzen Lande angepriesen) ab, die in einer Art semantischem Taschenspielertrick unterstellt, daß der riesige Reklameaufwand *selbst* (und nicht vielleicht die begeisterte Annahme des Erzeugnisses durch das Publikum) ein Beweis für hohe Qualität ist. Zusätzlich und als weitere Verfeinerung dieses Tricks wird die Ware selbst mit dem Hinweis *»As advertised on TV«* versehen und damit der Zirkel des tautologischen Unsinns geschlossen.

Telefon, Telefax, Post

D as amerikanische Telefon ist nicht nur billig, sondern stellt ein Musterbeispiel dafür dar, wie in einer lebensfähigen Demokratie riesige Privatgesellschaften ihre Macht nicht nur zu ihrem eigenen Vorteil, sondern auch zu dem des Verbrauchers ausüben, Dividenden an Millionen von Aktienbesitzern auszahlen können und es außerdem noch fertigbringen, die für die dauernde Modernisierung ihrer Einrichtungen erforderlichen enormen Geldmittel auf dem freien Markt zu beschaffen. Nur – der Amerikaner weiß das nicht, nimmt naiverweise an, wie bei ihm sei es überall auf der Welt, und ruft rasch und laut nach dem Allheilmittel der Verstaatlichung (durch die bekanntlich alle Profite »dem Volke« zufließen …), wenn ihm gelegentlich einmal eine telefonische Laus über die Leber läuft.

Am 1. Januar 1984 trat das Gegenteil der Verstaatlichung ein: Die vom Justizministerium verfügte Aufspaltung der gigantischen *American Telephone & Tele-*

graph Company (AT&T) in acht getrennte Gesellschaften wurde an jenem Tage rechtskräftig. Dadurch wurde eine Lage geschaffen, die auch heute noch nicht abgeschlossene Umstellungen im Fernsprechverkehr (vor allem den Gesprächstarifen) der Vereinigten Staaten mit sich gebracht hat. *Die nun folgenden Angaben und Hinweise können daher unter Umständen schon wenige Monate nach Erscheinen dieses Buchs nicht mehr zutreffend sein.*

Mit einiger Sicherheit läßt sich aber folgendes über das amerikanische Telefon sagen:

Es ist praktisch vollautomatisiert, und Sie können auch Alaska, Hawaii und Kanada direkt anwählen. Der internationale Verkehr ist vollautomatisch wie in Europa.

Im inneramerikanischen Netz (Alaska, Hawaii und Kanada wiederum inbegriffen) ist die Vorwahl dreistellig und wird in Klammern gesetzt. Die Nummer selbst ist siebenstellig, und ein typisches Beispiel wäre die New Yorker Nummer (212) 538-7720. Wenn Sie diese Nummer in New York selbst wählen, lassen Sie (212) natürlich weg. Seit 1989 ist es außerdem notwendig, vor der betreffenden Vorwahl noch eine 1 zu wählen; im eben erwähnten Beispiel also 1-212-538-7720. Im Zweifelsfalle finden Sie auf den ersten Seiten jedes Telefonbuchs die nötigen Hinweise über das Mitwählen oder Auslassen der Vorwahl. Bevölkerungsreiche Bundesstaaten haben mehrere Vorwahlzonen (der *Staat* New York, zum Beispiel, hat deren sechs); dünnbesiedelte dagegen nur eine.

Was die verschiedenen Tarife betrifft, ist vor allem zwischen selbstgewählten (*unassisted*) und vermittelten (*operator-assisted*) Ferngesprächen zu unterscheiden. Für letztere werden, allerdings nur für die ersten drei Minuten, drei- bis viermal höhere Gebühren berechnet als für die selbstgewählten (auch darüber finden Sie genaue Angaben auf den ersten Seiten jedes Telefonbuchs). Als Besucher, sei es als Hotelgast oder als Benützer eines öffentlichen Telefons, kommen Sie für Ihre Ferngespräche natürlich nicht um die Vermittlung herum. Mit wenigen Ausnahmen (hauptsächlich in ländlichen Gegenden) ist das anzuwendende Verfahren wie folgt: Man hebt den Hörer ab, aktiviert den Apparat durch Einwurf von 50 Cents, wählt zuerst *O* (*operator*) und dann sofort die gewünschte Vorwahl und Nummer. Es meldet sich dann die Vermittlung und gibt Ihnen die Gebühr für die ersten drei Minuten an, die Sie einwerfen. Nach Ablauf von jeweils drei Minuten Ihres Gesprächs meldet sich die Vermittlung wieder und fordert Sie zum Nachzahlen auf.

Als weitere *operator-assisted* Anrufe stehen Ihnen zur Verfügung:

Person-to-person calls, für die Sie nur dann zahlen müssen, wenn die von Ihnen namentlich genannte Person erreichbar ist. Und um den von Ihnen Genannten zu erreichen, telefoniert die Vermittlung, wenn nötig, auf der ganzen Welt herum.

Collect calls, die dem Angerufenen berechnet werden, sofern jener sich der Vermittlung gegenüber zur Zahlung bereit erklärt.

Credit card calls, die gegen Angabe der Kartennummer gemacht und auf Ihre Telefonkreditkarte verrechnet werden. Zu diesem Zwecke müssen Sie allerdings Ihr eigenes Telefon irgendwo in den Staaten oder Kanada haben. Diese Kreditkarte heißt *Telephone Calling Card*, ist über das für Ihre Nummer zuständige Amt erhältlich und hat den zusätzlichen Vorteil, daß man von den immer häufiger anzutreffenden öffentlichen *Calling Card*-Telefonen Fernverbindungen durch Wahl der betreffenden Telefonnummer und Eintippen der *Calling Card*-Nummer selbst herstellen kann.

Calls charged to another number, also Anrufe, die Sie auf eine bestimmte Nummer verrechnet haben wollen, werden von der Zentrale nur dann vermittelt, wenn sich die betreffende Nummer zur Zahlung bereit erklärt.

Wenn Sie das Telefon eines Freundes verwenden, können Sie die Vermittlung um Gebührenangabe nach Beendigung des Gesprächs ersuchen und ihm auf diese Weise die entstandenen Kosten direkt zurückerstatten. Um diese Gebührenangabe müssen Sie aber bei Anmeldung des Gesprächs ersuchen; nachher ist dies nicht mehr möglich.

Auskunft über die Telefonnummern von Teilnehmern erhält man innerhalb desselben Vorwahlgebiets (*area code*) durch Wählen der Nummer 411. Für Nummernauskünfte außerhalb der eigenen Vorwahl wählt man 1, dann die betreffende Vorwahlnummer und 555-1212.

Gebührenfrei dagegen sind Anrufe bei den sogenannten *toll free numbers.* Es sind dies Telefonnummern, die mit 1-800 beginnen und die Sie direkt mit einer großen Zahl von Fluglinien, weltweiten Hotelreservierungsbüros, Kundendiensten großer Firmen, einigen Dienststellen der Bundesbehörden und ähnlichen Stellen in Verbindung setzen. Auskunft über diese Nummern erhält man auf Nummer 1-800-555-1212. Eine andere wichtige *toll free number* ist 1-800-356-8392. Es ist dies die Nummer des amtlichen Fremdenverkehrsdienstes, von der Touristen auch in Fremdsprachen Auskunft über Flug- und Bahnverbindungen, Autoverleih und Hotels im ganzen Staatsgebiet erhalten und Reservierungen machen können.

Das Vermittlungspersonal ist wohlinformiert und (sehr im Gegensatz zum typischen europäischen Staatsbediensteten) durchwegs höflich und unwahrscheinlich hilfsbereit. Auch Notrufe werden von der Nummer 0 vermittelt, obwohl nun im *ganzen* Staatsgebiet die Nummer 911 für Polizei, Feuerwehr, Rettung und so weiter schon eingeführt sein dürfte.

Sollten Sie bei Selbstwahl eines Ferngesprächs eine falsche Nummer erreichen, so bitten Sie den Betreffenden, Ihnen seine Vorwahl und Nummer anzugeben. Rufen Sie darauf sofort die Vermittlung an und melden Sie den Irrtum mit Angabe der irrtümlich gewählten und Ihrer eigenen Nummer. Die Telefonistin sorgt dann dafür, daß der Anruf nicht verrechnet wird. Wie in Europa richtet sich die Höhe der Tarife neben der Entfernung auch nach der Tageszeit. Wochentags von 8 bis 17 Uhr gelten die Volltarife; von 23 bis 8 Uhr (also nachts) an allen Tagen sowie den ganzen Samstag und sonntags von 8−17 gelten die niedrigsten Gebühren (50 Prozent billiger als der Volltarif), und während der übrigen Zeit kommt ein gegenüber dem Volltarif um 35 Prozent verbilligter Gebührensatz zur Verrechnung.

Wie schon erwähnt, werden sich die Gebühren infolge der Reorganisation des Telefonwesens sicherlich bald ändern. Die folgenden Beispiele haben daher nur relativen Wert: Ein selbstgewählter Anruf von New York nach San Francisco − also über den Riesenkontinent hinweg − kostet für die erste Minute ungefähr $ 1,50, und für einen vermittelten Anruf ungefähr das Dreifache während der Volltarifzeit. − Selbstgewählte Dreiminutenanrufe nach West- oder Mitteleuropa kosten (je nach Tageszeit) zwischen fünf und acht Dollar.

Führen Sie Ferngespräche, so vergewissern Sie sich immer, in welcher Zeitzone der anzurufende Ort liegt. Sie selbst mögen in New York um 8 Uhr früh bereits frisch und munter sein; für Ihre Freunde in Kalifornien ist es aber erst 5 Uhr morgens, und sie dürften sich über Ihren Anruf daher weniger freuen als zur New Yorker Mittagszeit.

Die amerikanischen Telefonbücher haben eine dem

Europäer unvertraute Tücke: Alle Namen, die zwischen Vor- und Familiennamen ein von, van, de, di und dergleichen haben, werden unter dem Anfangsbuchstaben dieser adeligen Präposition geführt, die ihrerseits außerdem prinzipiell mit großem Anfangsbuchstaben geschrieben wird. (Dasselbe gilt übrigens auch für Bibliothekskataloge und dergleichen.) Goethe wäre im Telefonbuch unter Von Goethe, Johann Wolfgang, zu finden und Beethoven unter Van. Für Namen, die mit einem Umlaut (Ä, Ö, Ü) beginnen, scheint es überhaupt keine feste Regel zu geben. Die schwergeprüften Inhaber solcher Namen haben entweder auf die beiden Pünktchen verzichtet, den Umlaut in Ae, Oe oder Ue verwandelt oder sich sonstwie beholfen – das Problem ist nur, wie man sie dann findet. Ganz unauffindbar sind natürlich die sehr zahlreichen Telefonteilnehmer, die sich überhaupt nicht ins Telefonbuch aufnehmen lassen – eine sogenannte *unlisted number* haben – und deren Nummer Ihnen die Auskunft unter gar keinen Umständen bekanntgibt, auch wenn es sich um Leben und Tod handelt.

Der Hauptgrund für die *unlisted numbers* ist der weitverbreitete Mißbrauch des Telefons seitens der Werbung und für obszöne, anonyme Anrufe. Was erstere betrifft, so ist es geradezu eine Branche der amerikanischen Heimindustrie. Invalide, Hausfrauen, Studenten und so weiter schaffen sich ein Extraeinkommen, indem sie im Auftrag einer Firma (oft auch einer Wohltätigkeitsorganisation) eine Nummer nach der anderen anrufen und ihren Werbespruch anbringen. Unbegreiflich an dieser Form der Werbung ist nur, daß sie Erfolg haben soll. Man kann sich kaum etwas Ärgerlicheres vorstellen, als vom Garten oder der Badewanne zum läutenden Telefon zu rennen und von einem Unbekannten auf die Vorzüge einer bestimmten Marmelade aufmerksam gemacht zu werden. Denn während man sich weigern kann, den an der Türe läutenden Vertreter einzulassen, kann man es sich schwer leisten, das Telefon nicht zu beantworten. Damit nicht genug, bestehen nun sogar Pläne, diese Werbeanrufe vollautomatisch zu machen. Es gibt bereits Roboter, die ihre auf Tonband aufgenommenen Werbesprüche oder -liedchen durch unterschiedsloses Anrufen *jeder* Nummer (daher auch der *unlisted numbers*) anbringen. »Die Telefonwerbung ist das Rückgrat unseres Landes«, versichert Herr Bill Norcutt, der zufällig Präsident der Firma *Selling Systems* ist, die diese höllischen Automaten herstellt. Laut Norcutt werden täglich sieben Millionen Werbeanrufe durch Personen und Automaten getätigt und führen angeblich dazu, daß 460 000 der so Angerufenen Einkäufe im Gesamtwert von 27 Millionen Dollar jährlich machen. Und damit scheint die Sache für Herrn Norcutt völlig gerechtfertigt.

Was die obszönen Anrufe betrifft, kann ich nicht sagen, ob sie in den USA häufiger sind als in Europa. Häufig sind sie jedenfalls und stehen natürlich als Mißbrauch des Telefons unter Strafe.

Ganz ähnlich wie den amerikanischen Passagierzügen langsam von den ungleich leistungsfähigeren und schnelleren Flugverbindungen der Garaus gemacht wird, hat das Telefon den Telegrafen (wie auch in den meisten anderen Ländern der Welt) praktisch eliminiert. Dazu kommt freilich, daß der ungeheure Fortschritt der Elektronik neue Kommunikationsmittel geschaffen hat, die noch vor wenigen Jahren unvorstellbar gewesen wären. Für den Amerikareisenden sind natürlich Kommunikationssysteme wie *e-Mail* und *Internet* von geringerer Bedeutung, da er keinen (öffentlichen) Zugang zu ihnen haben dürfte – wohl aber z.B. die Nachrichtenübermittlung per Fax (Facsimile), sofern der Empfänger eine eigene Fax-Nummer hat. Leider gibt es für das Finden dieser Nummern noch keine Äquivalente der Telefonbücher. Weiß man aber die Nummer, so kann man in zahlreichen Fotokopierläden, Papierhandlungen, Reisebüros usw. in Sekundenschnelle eine Nachricht in jede Weltgegend und Zeitzone übermitteln. Die Kosten belaufen sich meist auf ungefähr vier Dollar pro Seite. Praktisch alle Hotels haben ihre eigene Fax-Nummer, und man kann daher über diese Nummer schon in wenigen Minuten eine Antwort im Hotelzimmer erhalten und möglicherweise dem Hotel dafür bezahlen, obwohl sonst Fax-Antworten – wie der Erhalt von Telefonanrufen – meist kostenlos sind.

Wenn, wie gesagt, das amerikanische Telefon superlativ gut ist, so läßt sich die Post nur als weniger superlativ bezeichnen. Es hat den Anschein, daß sie seit ihrem Bestehen, sicherlich aber in den letzten dreißig Jahren, ununterbrochen am Rande des Zusammenbruchs balanciert und nur mit massiven Infusionen von Steuergeldern und dauernden Gebührenerhöhungen jeweils auf weitere ein bis zwei Jahre am Leben erhalten wird. Meine an den Pathologien großer Systeme interessierten Leser wird es kaum überraschen, daß die Leistungen der amerikanischen Post um so schlechter werden, je mehr zu ihrer Sanierung und Modernisierung getan wird. Wenn es auch in Europa inzwischen vielleicht nicht mehr zutrifft, daß ein in London am Nachmittag aufgegebener Brief am nächsten Tag um 8 Uhr früh in Zürich ausgetragen wird, so werden Sie doch in den USA Ihre blauen Wunder erleben können. Den Amerikaner aber überrascht es nicht mehr, wenn die Zustellung eines Briefs auf drei Kilometer Entfernung zwei Tage in Anspruch nimmt, falls Sender und Empfänger in zwei verschiedenen, aber eng aneinandergrenzenden Ortschaften wohnen. Dank der zwecks Rationalisierung eingeführten gebietsweisen Zentralisierung reist dieser Brief heute nämlich 50 oder 100 Kilometer weit zum zuständigen Sortieramt und darauf praktisch denselben Weg wieder zurück; vorausgesetzt natürlich, daß er nicht zuerst irrtümlich an ein 2000 Kilometer weiter entferntes Postamt geht. Noch miserabler ist die Luftpost von und nach Übersee; da sind Briefe meist zehn, manchmal sogar 14 Tage unterwegs. – Zur Bewältigung der

Paketpost gibt es 21 über das ganze Land verteilte, riesige halbautomatische Sortierstellen, *Bulk Mail Centers* genannt, die eine Milliarde Dollar kosteten und von denen behauptet wird, daß sie 30 Prozent der Pakete bis zur Unkenntlichkeit verstümmeln. Im *Bulk Mail Center* von Largo bei Washington soll laut Feststellung des Journalisten Jack Anderson hinsichtlich der Behandlung der Pakete der witzige Spruch umgehen: »*You mail'em, we maul'em*« (frei übersetzt etwa: »Sie verschicken's, wir verschlucken's«). Durch Schaden wird man bekanntlich klug, und – ebenfalls laut Anderson – soll der Paketverkehr bereits ein Jahr nach Inbetriebnahme dieser Sortierämter um 15,5 Prozent zurückgegangen sein.

Die amerikanische Post gibt sich nur mit Briefen, Drucksachen, Paketen und dergleichen sowie mit einer Art Barscheck, *money order* genannt, ab. Telefon und Telegraf fallen nicht in ihre Kompetenz, und das Bezahlen von Rechnungen mittels Zahlkarten oder Geldüberweisungen auf dem Postwege und ähnliche Dienstleistungen europäischer Postämter sind unbekannt. Dafür erhalten Sie auf der Post – falls Sie Wert darauf legen sollten – die Antragsformulare für die Aufnahme in den Staatsdienst (*civil service*) und die gebräuchlichsten der unzähligen Vordrucke der Steuerbehörde. Schließlich können Sie sich auf den Postämtern die Zeit auch mit dem Studium der Steckbriefe vertreiben.

Die in den Staaten gebräuchliche Form der Anschrift hat als erste Zeile natürlich den Namen des Betreffenden, darunter Hausnummer und Straße (z.B.: 1238 Broadway) und schließlich die Stadt, *gefolgt* von der derzeit noch fünfstelligen Postleitzahl (*zip code* oder *postal code* genannt). Unweigerlich, aber unnötigerweise schiebt der Amerikaner trotz der den Zielort einwandfrei definierenden Postleitzahl zwischen Stadt und *zip code* noch die Abkürzung des betreffenden Bundesstaates ein, also zum Beispiel New York, NY 10021. Wenn die Anschrift nicht ganz genau stimmt, wird der Brief fast sicher als unzustellbar an den Absender zurückgeschickt – auch wenn Nachschlagen im Telefonbuch das Problem einfach und rasch lösen würde. Bei Briefen nach *Austria* empfiehlt sich der Zusatz *Europe*, da sonst der Brief nicht selten zuerst nach Australien geht.

Briefmarken erhalten Sie außer in den Postämtern (Samstag und Sonntag geschlossen) beim Hotelportier, in vielen Andenkenläden und in den *drug stores*, jenen Allerweltslädchen, in denen Sie alles Mögliche und Unmögliche finden. Wundern Sie sich aber nicht, wenn Sie dort nur die gebräuchlichsten Inlandsmarken finden und Ihnen die Automaten der *drug stores* mehr Geld abverlangen, als die gekauften Marken wert sind, und erwarten Sie sich vor allem keine verläßlichen Auskünfte über die Gebühren für Luftpost, Drucksachen und Ansichtskarten.

Von einer gewissen Entfernung ab wird angeblich alle Briefpost auf dem Luftwege befördert. Was dabei als Minimaldistanz gilt, darüber widersprechen sich die Beteuerungen der einzelnen Postämter. Jedenfalls hat es keinen Sinn, die schnellere Beförderung eines Inlandsbriefs (Kanada eingeschlossen) per Luftpost erreichen zu wollen. Dagegen gibt es Luftpost*pakete* auch im Inlandverkehr.

Eine weitere Schwierigkeit bei der Benützung der amerikanischen Post ergibt sich für den Europäer dadurch, daß die Vereinigten Staaten zwar Mitglied des Weltpostvereins sind, aber ihre eigenen Ideen, Formulare und Gepflogenheiten haben und Sie daher auf alles gefaßt sein müssen.

Apropos Pakete: Hier handelt es sich entweder um eine Geheimwissenschaft, oder die Postbeamten neigen dazu, etwas Abwechslung in ihren grauen Alltag zu bringen, indem sie die Beförderungsvorschriften für Pakete in jedem Einzelfall neu erfinden. Einmal muß das Paket mit Klebestreifen hermetisch versiegelt, das nächste Mal muß es verschnürt sein und Klebestreifen sind verpönt. Einmal ist eine Höchstzahl von fünf Heftklammern zugelassen, dann wieder nicht, und so weiter in sich niemals wiederholenden Variationen. Sollten Sie die unselige Idee haben, in oder von Amerika Pakete zu verschicken, so rate ich Ihnen dringend, im Postamt mit Klebestreifen (wohlgemerkt: sowohl selbstklebenden wie gummierten), einem Heftapparat, Schere, Schnur, Papier, Adreßanhängern und -aufklebern sowie guter Laune zu erscheinen. Sie werden sie brauchen.

Zu einem wesentlich höheren Gebührensatz ist es aber möglich, bis zu zwei Pfund schwere Pakete im Inland und auch nach Übersee vom sogenannten *Express Mail Next-Day Service* der Post verschicken zu lassen. Die garantierte Zustellung innerhalb von 48 Stunden bezieht sich allerdings nur auf das Inland. – Noch teurer, aber mindestens ebenso rasch funktionieren die Privatunternehmen *Federal Express* oder *DHL Worldwide-Express* (Annahmestellen bitte dem Telefonbuch entnehmen, beziehungsweise Abholung durch den Kurierdienst dieser Firmen telefonisch vereinbaren), die Zustellungen in West- und Mitteleuropa innerhalb von zwei bis drei Tagen fertigbringen und sich nicht nur mit Paketen, sondern auch mit Briefen, wichtigen Dokumenten und dergleichen befassen. Wie schon erwähnt, haben Firmen, Hotels und Geschäfte auch in Amerika sogenannte Fax-Maschinen, mit deren Hilfe lange Briefe, Dokumente und auch Pläne in Sekundenschnelle und zum Preis von ungefähr $ 1.- pro Seite übermittelt werden können, sofern der Empfänger seinerseits einen Faxanschluß hat.

Fazit: Wenn Sie sicher sein wollen, daß eine wichtige oder dringende Mitteilung verläßlich ankommt, telefonieren Sie, »faxen« Sie, senden Sie ein sogenanntes *mailgram* (eine Art Nachttelegramm, das am Bestimmungsort mit der Briefpost ausgetragen wird), aber verlassen Sie sich nicht auf Briefe. Und wenn Sie in New York vor dem Hauptpostamt stehen, blicken

Sie hinauf über den Haupteingang, wo die stolzen Worte prangen: *Neither snow, nor rain, nor heat, nor gloom of night shall stay these couriers from the swift completion of their appointed rounds.* (Weder Schnee noch Regen noch Hitze noch das Dunkel der Nacht kann diese Boten von der raschen Erledigung der ihnen zugeteilten Runden abhalten.) Also muß es an etwas anderem hapern.

Worauf in diesem Bändchen leider nicht eingegangen werden kann, ist die weltweite gigantische Explosion der elektronischen Kommunikationsmöglichkeiten. Da sie sozusagen international sind, wird der Leser kaum etwas »typisch amerikanisches« daran finden.

Restaurants

Dem markigen Motto der Post gar nicht unähnlich sind die Speisekarten vieler Restaurants. Getreu dem werbetechnischen Grundsatz, ein drittklassiges Produkt mit erstklassiger Semantik zu verbrämen, werden Ihnen auf dem *menu* (»ménnjuh« ausgesprochen – was nicht primär die europäische Bedeutung von Speisenfolge hat, sondern Speise*karte* bedeutet) solch schwer übersetzbare Köstlichkeiten wie *»mouth watering, tender morsels of veal from milk fed calves«*, *»delicious garden grown peas«* und *»our very special, home made cheese cake«* auffallen, und Sie werden wissen, daß Sie wieder einmal im Bereich des Scheins statt des Seins sind (und daß wieder einmal mehrere Bindestriche fehlen). Denn besonders im Hinblick auf das Essen ist für den Amerikaner das Aussehen wichtiger als das Schmekken, was – wiederum laut bösen Zungen – darauf zurückzuführen sein soll, daß es bei ihm nie zur Ausbildung des Geschmackssinnes kommt. Die knallgrünen Erbsen schmecken wie Löschpapier, die Schlagsahne wie Rasiercreme, aber alles sieht wirklich aus, und darauf kommt es an. Erfreulich ist dagegen die häufig zu findende *salad bar*, ein reichbeschicktes Salatbüffet, an dem man sich den Salat selbst wählen und zubereiten kann. Außerdem gibt es verschiedenste Saucen in Flaschen, vor allem *catsup*, die ach so beliebte Tomatenbrühe. Zahnstocher sind dagegen am Tisch unerhältlich, und Talkumpulver in seiner Verwendung als erste Hilfe bei Fettflecken auf Kleidern ist unbekannt. Zahnstocher gibt es nur an der Kasse.

Einem weitverbreiteten Mythus zufolge müssen gute, elegante Restaurants dunkel sein, und sie sind oft so dunkel, wie italienische Restaurants grell erleuchtet sind. Der Oberkellner, der sich eines gepflegten ausländischen Akzents befleißigt, lächelt aber bestenfalls gequält, wenn Sie ihn zwecks Lesens der Speisekarte oder Identifizierung der Speisen launig um eine Taschenlampe oder um Zündhölzer bitten. Lokale dieser Art zeichnen sich auch dadurch aus, daß man Ihnen zum Salat eisgekühlte Gabeln serviert, der Salat selbst aber mit der gleichen rosa Sauce übergossen ist, die Sie flaschenweise im Supermarkt kaufen können.

Steuern Sie beim Eintreten ins Lokal nicht wie gewohnt auf den freien Tisch Ihrer Wahl zu. In Amerika bleibt man beim Eingang stehen und wartet auf die *hostess*, eine meist junge Dame, deren einzige Aufgabe darin besteht, Plätze anzuweisen. Sie erhält kein Trinkgeld, wohl aber stehen dem Kellner bei Bezahlung 12 bis 20 Prozent (heutzutage sind es praktisch

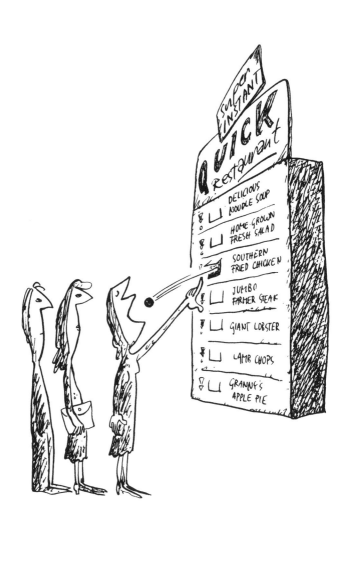

immer schon 20 Prozent) Trinkgeld zu, was im Gesamtbetrag nur in ganz seltenen Fällen inbegriffen und dann als *service charge* oder ähnliche Bezeichnung aufgeführt ist. Dasselbe gilt auch für die den Restaurants angegliederten Bars, die – nebenbei bemerkt – meist noch finsterer sind.

In den USA hat eine für europäische Begriffe ungewöhnlich hohe Zahl von Menschen das Rauchen aufgegeben. Seit Jahren ist es innerhalb von öffentlichen Gebäuden, auf öffentlichen Plätzen und in öffentlichen Verkehrsmitteln verboten – Restaurants, Büros, Kinos, Bars, Autobusse, Züge und Flugzeuge inbegriffen. Und da wir gerade beim Thema sind: 1990 wurde das bisher nur für zweistündige Flüge geltende Rauchverbot auf sämtliche inneramerikanische Flüge ausgedehnt. Die zuvor herrschende Einteilung der Kabinen in Raucher- und Nichtraucherabteile war insofern ohnehin rein symbolisch, als das Belüftungssystem keinen Unterschied im Absaugen und Wiedereinblasen der vorhandenen Luft machte.

Doch zurück zum Thema: Von einer typischen Küche kann man wohl nur im Süden des Landes sprechen; sonst bekommen Sie in Seattle dasselbe wie in Miami. Das soll freilich nicht heißen, daß man nicht gut, sogar sehr gut essen kann. Besonders in der von Boston bis Washington reichenden Megalopolis der Ostküste gibt es, wie einer meiner Leser sehr zu Recht betont, zahllose kleine, »ethnische« Restaurants, oft Familienbetriebe, in denen italienisch, spanisch, griechisch, arabisch, russisch, jüdisch, armenisch, ungarisch, fernöstlich, brasilianisch usw. »wie daheim« gekocht wird. Oft sind diese Restaurants außerdem noch recht preiswert. Als Touristen bleiben einem diese lukullischen Oasen freilich meist verborgen. Im Gegensatz zu Europa sind übrigens vor allem die chinesischen Restaurants keine teuren Feinschmeckerlokale – man kann dort im Gegenteil sehr preiswert und gut essen, und sowohl die Auswahl als meist auch die Quantität der Gerichte ist fast überwältigend.

Des Amerikaners große Liebe ist das außen verkohlte, innen rohe Steak (vom *hamburger* wollen wir lieber schweigen). Wie nun zunehmend auch schon in Europa, sind die sogenannten Gourmet-Gänge häufig die Produkte der modernen Nahrungsmittel- und Gefriertechnik. Auch hierüber kursiert ein liebloses Gerücht: Jedes Restaurant hat *zwei* Küchenchefs, beide sind meist durchgeflogene Mittelschüler (*high school drop-outs*), von denen der eine das Fleisch auf dem Holzkohlenrost verbrennen und der andere die tiefgekühlten Fertigspeisen aufzutauen gelernt hat. Falls die Portionen mehr sind, als der Hunger bewältigen kann, so kann man sich vom Kellner ein eigens für diesen Zweck vorrätiges, plastikgefüttertes Papiersäckchen geben lassen, um die Speisereste »für den Hund« mit nach Hause zu nehmen. Denn diese Tüte heißt euphemistisch *doggie bag*, obwohl viele Restaurants bereits Säckchen haben, auf denen unverblümt *People's Bag* aufgedruckt ist.

Zu seinen Mahlzeiten trinkt der Amerikaner meist ungezuckerten, schwarzen Kaffee, wobei die Tasse freizügig nachgefüllt wird. (Diese großen Mengen von Kaffee und ihr niedriger Preis fehlen dem Amerikaner im Ausland sehr und sind Gegenstand bewegter Klagen.) Wenn man gewohnt ist, Kaffee mit Milch oder Sahne zu trinken, erhält man nicht selten (besonders in Flugzeugen) nur einen Sahneersatz, nämlich eine weiße Flüssigkeit, die den Kaffee zwar milchig färbt, mit Milch aber überhaupt nichts mehr zu tun hat.

Im Staat New York und besonders in Kalifornien wird Wein erzeugt, der sich an Güte (und an Reinheit) durchaus mit europäischen Tisch- und Landweinen messen kann. »Champagner« (*sparkling wine*) kann für Schiffstaufen ohne weiteres empfohlen werden. Das Bier ist dünn, da sein Alkoholgehalt je nach Bundesstaat auf 3 bis 4 Prozent beschränkt ist, und es wird daher (siehe oben) von der Werbung überschwenglich als wahrer Göttertrank angepriesen.

Wie es auch auf der übrigen Welt langsam gang und gäbe wird, ist der Lunch eine kleine Mahlzeit, die meist aus einem Sandwich besteht. Die Hauptmahlzeit ist das Dinner, das in vielen Familien schon gegen 18 Uhr eingenommen wird. Aus diesem Grunde schließen viele Restaurants bereits um 22 Uhr. Selbstverständlich gibt es in den größeren Städten, auf den Raststätten der Überlandstraßen, aber nicht notwendigerweise auch in den Hotels Restaurants, die 24 Stunden geöffnet sind. Sonntags offerieren viele

Hotels und Restaurants zwischen 11 und 14 Uhr ein reichhaltiges Buffet warmer und kalter Speisen, genannt *brunch* (eine Zusammenziehung der Worte *breakfast* und *lunch*), in dessen recht vernünftigem Preis einige Gläser des bereits erwähnten Champagners inbegriffen sind.

Schmerzlich vermissen werden Sie dagegen die reichhaltigen und im Zimmerpreis inbegriffenen Frühstücksbuffets der meisten europäischen Hotels. Die amerikanischen Hotelfrühstücke sind unverhältnismäßig teuer; selbst das sogenannte *Continental Breakfast*, das aus einem kleinen Glas Orangensaft, Kaffee, zwei ärmlichen Scheiben Toast und Marmelade besteht, kostet nicht selten sechs bis acht Dollar.

Vergeblich jedoch werden Sie nach der Entsprechung des Wiener Cafés, des Tea Rooms oder der mediterranen Bar suchen, kurz, nach einem Lokal, in dem Sie sich hinsetzen, die Zeitung lesen oder die Vorbeigehenden beobachten können. Das tatenlose Herumsitzen in der Öffentlichkeit scheint, vielleicht aus puritanischen Gründen, verpönt; zu diesem Zweck zieht sich der Amerikaner in seine kavernenartigen, finsteren Bars zurück. Denn auf die Meinung seiner Mitmenschen, auch der ihm völlig unbekannten, gibt der Amerikaner viel – doch dieses Thema ist noch nicht an der Reihe, und ich muß vorher noch ein trübes Kapitel behandeln.

Ärzte und Krankenhäuser

Wenn Sie das Pech haben sollten, in den USA zu verunglücken oder zu erkranken, bleibt Ihnen als Trost wenigstens die große Wahrscheinlichkeit, in medizinisch hochqualifizierter Weise betreut zu werden. Zugegeben, wie anderswo in der Welt sind auch in Amerika die Spezialisten und die besten Krankenhäuser in den Großstädten, während die Ärzte in den ländlichen Gegenden dünn gesät sind. Mehr als anderswo wird dieser Nachteil in den Staaten aber durch die rasche Verfügbarkeit von Rettungsmitteln aller Art (Ambulanzen, Hubschrauber usw.) einigermaßen ausgeglichen.

Der typische amerikanische Arzt entspricht nicht dem (ohnedies längst im Aussterben begriffenen) europäischen Idealbild des selbstlosen, hochgebildeten Renaissancemenschen, dem nichts Menschliches fremd ist. Im allgemeinen handelt es sich eher um einen Pedanten, der dazu neigt, sich auf einem möglichst engen Gebiet möglichst vollkommen zu spezialisieren und der daher Breite des Wissens und Weite des geistigen Horizonts für oberflächlich und unseriös hält. Es versteht sich wohl von selbst, daß diese Bemerkungen unerhört – fast unerlaubt – verallgemeinern, aber es kann nicht geleugnet werden, daß die weltweite Tendenz zur Überspezialisierung in der Medizin und dem damit verbundenen Verlust des Menschlichen in den Vereinigten Staaten besonders ausgeprägt ist.

Aus Gründen der Fairneß soll daher gleich festgehalten werden, daß es in den USA bereits eine sehr starke Gegenströmung gegen diese Tendenz gibt, und daß viele medizinische Fakultäten bereits eine Spezialausbildung in Familienmedizin bieten (von der hier viel weiter verbreiteten Familienpsychotherapie ganz zu schweigen), die das Ideal des alten Hausarztes in moderner Form anstrebt. Und außerdem verdient Erwähnung, daß es den in Europa leider nicht ganz unbekannten Arzt, der seit dem Abschluß seines Studiums vor dreißig Jahren keine medizinische Fachzeitschrift mehr gelesen und keine medizinische Tagung mehr besucht hat, nicht gibt. In den meisten Staaten der USA muß der Arzt, wenn er um Erneuerung seiner Zulassung ansucht, den Nachweis erbringen, daß er sich einer bestimmten Form der ärztlichen Weiterausbildung unterzogen hat.

Allgemeine Krankenkassen im europäischen Sinne gibt es (noch) nicht, sondern nur Privatversicherungen. Für den Amerikareisenden bedeutet dies leider,

daß er im Falle von Erkrankungen kaum auf öffent-
liche Hilfe hoffen kann und für seine Behandlungskosten selbst aufkommen muß. Natürlich läßt man auch
einen zahlungsunfähigen Ausländer nicht verbluten
oder sonstwie sterben; es sind für solche Fälle die
County Hospitals (etwa Gemeindekrankenhäuser) zur
Behandlung des Patienten verpflichtet – aber eine
selbstverständliche, umfassende Behandlung wie etwa
in Großbritannien darf man nicht erwarten. Wo Stadt-
verwaltungen ihren eigenen Polizeiambulanzdienst
haben (wie z.B. in Philadelphia), empfiehlt es sich,
sich von der Polizei einliefern zu lassen, da diese Patienten aufgenommen werden *müssen.*

Die Höhe der Behandlungskosten ist zum Teil dadurch bedingt, daß es geradezu zu einem nationalen
Sport geworden ist, bei Mißerfolg der Behandlung
oder auch bei Unzufriedenheit astronomische Scha-
densersatzklagen mit Hilfe von eigens auf diese Art von
Prozessen spezialisierten Rechtsanwälten (deren Ho-
norar sich im Erfolgsfalle auf ein Drittel oder gar die
Hälfte des zugesprochenen Schadens- und Schmer-
zensgelds beläuft) einzubringen. Ärzte wie Krankenhäuser versuchen, sich gegen diese dauernde Gefahr
dadurch abzusichern, daß sie zur Vorsicht weit mehr
Tests und Spezialuntersuchungen durchführen oder
anordnen, als klinisch sinnvoll ist – womit sich die ab-
surde Situation ergibt, daß diese Dienstleistungen nur
dem Arzt und nicht dem Patienten von Vorteil sind
und in letzterem nur noch den Eindruck verstärken,

gewurzt worden zu sein. Die Prozesse gehen nicht selten ins Blitzblaue und erhöhen die Versicherungsprämien der Mediziner über jedes normale Maß hinaus. In Kalifornien zum Beispiel zahlt ein Chirurg oder ein Narkosearzt derzeit über $ 70 000 im Jahr für seine sogenannte *malpractice insurance*.

Auch die Kosten der Zahnbehandlungen sind hoch, und es empfiehlt sich daher auf jeden Fall, von daheim aus krankenversichert die USA zu bereisen. Eine große Zahl von Medikamenten, die in Europa frei erhältlich sind, werden in den USA nur gegen Rezept abgegeben. Für Schlaf- und andere Beruhigungsmittel ist die Rezeptpflicht besonders streng. Die Apotheke (*pharmacy*) ist meist Teil eines *drug store*, jener schon erwähnten Kombination von Andenkenladen, Drogerie und Parfümerie, öffentlichem Telefon, Buffet, Fotogeschäft, Schreibwarenhandlung und noch so manchem anderen. Viele Medikamente existieren unter zweierlei Namen, dem sogenannten *trade name* (der Handelsbezeichnung, unter dem die Herstellerfirma das Medikament vertreibt) und dem *generic name* (dem der betreffenden chemischen Verbindung gegebenen wissenschaftlichen Namen, sogenannte Generica), was zu enormen Preisunterschieden führen kann. Das Beruhigungsmittel *Miltown* (das europäische *Equanil*), zum Beispiel, kostet unter diesem *trade name* mehr als viermal soviel wie das chemisch identische, unter dem *generic name Meprobamate* erhältliche Präparat. Man spart sich also Geld, wenn man darauf besteht, daß einem der Arzt das Rezept auf den *generic name* und nicht auf die Handelsbezeichnung ausstellt, sofern das betreffende Medikament unter beiden Namen erhältlich ist.

Auch Brillen sind sozusagen rezeptpflichtig, d.h. der Optiker verlangt für die Anfertigung neuer Gläser oder auch nur für den Ersatz einer gebrochenen Linse eine vom Augenarzt oder einem sogenannten *optometrist* ausgestellte Verschreibung, doch werden auch im Ausland ausgestellte Brillenrezepte angenommen. Es ist daher empfehlenswert, eine die Brillenstärke ausweisende Verschreibung bei den Reisedokumenten zu haben.

Nicht nur in Krankenhäusern, sondern auch beim Privatarzt erhält der Patient von der Ordinationsschwester, bevor er sich zur Untersuchung auszieht, einen knöchellangen, weißen, kurzärmeligen, rückwärts von oben bis unten offenen, schürzenartigen Kittel. Sein Zweck bleibt dem Ausländer zunächst unklar, bis es ihm schließlich dämmert, daß man damit seinem Schamgefühl entgegenkommen will. Die Wirkung dieses wohlgemeinten Brauchs ist aber interessanterweise – wenigstens für den Ausländer, der es gewohnt ist, dem Arzt nackt gegenüberzutreten – genau die umgekehrte, denn die Kutte macht das Selbstverständliche peinlich, statt absichtsgemäß Peinlichkeit zu vermeiden. Sobald ich sie nämlich trage, ist damit meine Nacktheit vor dem Arzt nicht mehr selbstverständlich: Ich weiß nun nicht mehr, wieviel ich von meinem Körper zeigen kann, ohne vom Arzt entweder für prüde oder für schamlos gehalten zu werden. Und in schwer zu erklärender Weise steht diese Kutte und ihre sich selbst widersprechende Wirkung symbolisch und stellvertretend für so manches in Amerika, dessen Zweck wohlgemeint, dessen Effekt aber gegenteilig ist.

Und damit sind wir beim unerschöpflichen Thema des Amerikaners selbst angelangt.

»Homo americanus«

So sehr es im Vorhergehenden meine Absicht gewesen war, nur Tatsachen und Einrichtungen zu beschreiben, waren die Beschreibungen doch häufig – vielleicht allzu häufig – bereits mit Hinweisen auf die Mentalität der Begründer dieser Institutionen durchsetzt. Dies war einerseits praktisch unvermeidlich, erfordert jetzt aber eine kurze Zusammenfassung zur Überleitung auf mein Schlußthema: den Amerikaner selbst.

Vom Anglisten J. Martin Evans an der Stanford-Universität stammt die Bemerkung, die Amerikaner seien eine »in Illusionen verfangene Gesellschaft«, die aber »gleichzeitig darauf pocht, realistisch zu sein«. Damit ist prägnant ausgedrückt, was ich an mehreren Stellen den Zwiespalt zwischen Schein und Sein genannt habe – ein Zwiespalt, der freilich in jeder Kultur und Gesellschaftsform nachweisbar ist und hier eben in seiner amerikanischen Ausprägung skizziert werden sollte. Wie ich schon zu zeigen versuchte, glaubt der

Amerikaner zum Beispiel ganz ernsthaft, daß in seinem Lande die Informations- und Meinungsfreiheit nicht nur *de jure*, sondern auch *de facto* besteht. Er glaubt ferner, ein *rugged individualist* – ein markiger Individualist – zu sein, während der Europäer ihn viel eher als weitgehend gleichgeschaltetes Individuum sieht; und zwar gleichgeschaltet nicht als Folge einer totalitären, gehirnwaschenden Herrschaftsform, sondern paradoxerweise als Resultat seiner Auffassung von *liberté, égalité, fraternité* und vor allem von Glücklichkeit. Und schließlich ist er von einem fast rührenden Glauben an das Neue, Zukünftige beseelt; einem Glauben, der ihn die Geschichte als Verkörperung des »Alten« verwerfen läßt und durch den er sich, wiederum in einem paradoxen Teufelskreis, der Möglichkeit beraubt, das Neue als das wiederaufgewärmte Alte zu sehen. Nichts scheint ihm ferner zu liegen als die bittere Weisheit des Sprichworts »*Plus ça change, plus c'est la même chose*«.

Eine geistreiche Kommentatorin der zeitgenössischen amerikanischen Szene, Anne Taylor Fleming, sprach einmal in diesem Zusammenhang recht herzlos vom Jefferson-Schwindel als der Ursache einer dieser Grundhaltungen. Thomas Jefferson ist bekanntlich der Verfasser der amerikanischen Unabhängigkeitserklärung, die ihrerseits weitgehend von den Idealen des Aufklärungszeitalters und vor allem den französischen Philosophen jener Epoche inspiriert ist. Doch während die pragmatischen Franzosen sich hauptsächlich

um Leben und Freiheit kümmerten und die Glücklichkeit mehr oder weniger den Anstrengungen des
Staatsbürgers selbst überließen, machte Jefferson das
Streben nach Glücklichkeit (*the pursuit of happiness*) zu
einem verbrieften Recht des Amerikaners.* Zugegeben, er tat es sicherlich arglos und idealistisch, doch die
sich nun bereits über 200 Jahre hinweg schleppenden
Folgen sind weniger harmlos. »Anscheinend bin ich
immer noch nicht erwachsen«, schreibt Fleming,
»denn ich erwarte immer noch, glücklich zu sein, jene
seltene Kombination eines vollen Bauches und eines
vollen Herzens zu empfinden, die ich als Kind hatte.
Und wenn ich nicht glücklich bin, wenn meine Ge-
mütsverfassung auch nur einen Tag lang aus dem
Gleichgewicht gerät, dann kommt mir die Wut. Irgendwie fühle ich mich dann betrogen, und viele
Jahre lang dachte ich, daß ich die einzige war, die an
diesem Betrug litt. Nun aber bin ich überzeugt, daß
fast alle Amerikaner so fühlen, daß wir Glücklichkeit
nicht nur als Kinder, sondern zeitlebens erwarten und
daß wir es auf Grund dieser Erwartung nicht schaffen,
Unglücklichkeit mit Würde zu ertragen.«

Und das ist es, was Fleming mit dem Ausdruck Jef-

---

* Die betreffende Stelle der Unabhängigkeitserklärung lautet:
»Wir halten es für Wahrheiten, die keines Beweises bedürfen,
daß alle Menschen gleich geschaffen und von ihrem Schöpfer
mit bestimmten unveräußerlichen Rechten ausgestattet sind;
darunter dem Recht auf Leben, auf Freiheit und auf Streben
nach Glück.«

ferson-Schwindel meint. Vielleicht hat sie recht, vielleicht aber ist das Problem viel komplexer. Vielleicht hat dieser hartnäckige Glaube an das Recht auf Glückseligkeit etwas mit der Psychologie- und Therapiesüchtigkeit der Amerikaner zu tun: Daß man seit Jahren bei einem Analytiker in Behandlung ist, ist nicht nur kein peinliches Geheimnis, sondern ein wahres Statussymbol. Zumindest zeitlich, wenn nicht auch ursächlich fällt diese Überbewertung alles Psychologischen mit dem Aufkommen des Begriffs der »permissiven Erziehung« zusammen; einer Erziehungsform, die auf der Überzeugung beruht, daß jede Versagung und jede Nötigung der zarten Kinderseele bleibenden Schaden zufügt, vollkommenes Gewähren dagegen zur spontanen Entwicklung der edelsten menschlichen Eigenschaften und daher zur Glücklichkeit im Kinde führt. Wenn der Sprößling dann aber trotzdem nicht zum Tugendbold wird, muß der Psychiater her, denn dann handelt es sich offensichtlich um eine Pathologie – und wenn das Problem auch nur schlechte Noten sind oder Marihuanarauchen.

Interessant ist auch die Geographie der psychologischen Philosophen und Theorien. Die Riesenstädte der Ostküste sind zum Teil noch Hochburgen der psychoanalytischen Orthodoxie. In westlicher Richtung dann lockert sich die Strenge der alleinseligmachenden Lehre auf, bis sie schließlich beim Erreichen der Westküste, vor allem in Südkalifornien, in ein buntes Feuerwerk exotischer und oft sehr kurzlebiger Be-

handlungsformen explodiert, die dann in einem großen Sprung nach Osten in Europa landen. Neben den
Schulen Freuds, des halbvergessenen Adler, des besonders von der jüngeren Generation neuentdeckten
Jung, neben Horney, Reich, Frankl, Berne und anderen Klassikern schießt es da gar mächtig ins Kraut: Da
gibt's die Selbsterfahrungsgruppen, die Marathonsit-
zungen (zwecks erhöhter Wirkung manchmal nackt
im wohlig warmen Schwimmbecken), die Urschreier,
die Rolfer, die Meditierer, Masseure, Vegetarier und
Gesundbeter, die selbsternannten Gurus und solche,
die sich eigens von einem waschechten indischen
Guru ernennen ließen, die Bioenergetiker, Psychoky-
bernetiker, die rationalen, integrativen, humanisti-
schen, sensitiven, kreativen, implosiven, katathymen,
autogenen, krisenintervenierenden, themenzentrier-
ten, psychodramatischen Therapien und vieles mehr.
Wie entgeht man bei einem derartigen Überangebot
als Therapiekonsument der Qual der Wahl? Man entgeht ihr oft eben nicht, sondern besucht sowohl allein
den individuellen Therapeuten, zusammen mit der
Gattin den Eheberater und dann womöglich noch
eine Gruppe, die sich speziell mit der Stärkung von
Selbstbewußtsein und Selbstbehauptung befaßt. Diese
Überdosis von Therapie macht dann nicht selten – zumindest in der Sicht der Betroffenen – zusätzliche
Therapie nötig.

Und zum Thema der Herbeiführung endgültiger
Glücklichkeit wären natürlich auch noch die – längst

auch schon in Europa epidemisch verbreiteten – *tranquillizers* zu erwähnen, von denen praktisch alle in den Staaten streng rezeptpflichtig sind. (Begehen Sie aber nicht den Fehler, sich deswegen vor Antritt Ihrer Amerikareise allzu reichlich mit diesen Dingern einzudecken – Sie könnten nämlich sonst wirklich mit den Zöllnern in Schwierigkeiten geraten.) Die Hersteller dieser Nirwanamittel haben sich die Utopiefreudigkeit ihrer Kunden dazu dienstbar gemacht, im Laufe der Jahrzehnte den Glauben zu erwecken und zu bestärken, daß *jede* unangenehme, schmerzvolle, »negative« Gefühlsregung – wie zum Beispiel Nervosität bei Prüfungen oder entscheidenden Besprechungen, Trauer, Ärger über Fehlschläge, Enttäuschung, gelegentliche Schlaflosigkeit usw. – *eo ipso* krankhaft ist. Und was krankhaft ist, muß natürlich behandelt werden.

Es ist kaum anzunehmen, daß Jefferson in seinem Idealismus diese bizarren Entwicklungen seiner Glücklichkeitsidee voraussehen hätte können. Aber es läßt sich schwer leugnen, daß der Amerikaner, wenn schon nicht unbedingt von der Psychiatrie, so doch von der Gesellschaft – und daher letztlich vom Staate – die Herstellung seiner utopischen Glücklichkeit sozusagen als Pflichtleistung erwartet. Für den Europäer, der seiner demokratischen Tradition gemäß die Aufgabe des Staates im wesentlichen darin sieht, den Menschen vor dem Menschen zu schützen, ist die Entdeckung faszinierend und zugleich erschreckend, daß der Amerikaner vor der Obrigkeit gerade darauf pocht, worauf die Menschen in totalitären Regimen liebend gern verzichten würden – nämlich die staatlich oktroyierte, allgemeinverpflichtende Definition von Idealen, Auffassungen und Werten.

Die Verkörperung dieser glücksschuldenden Instanz ist natürlich der Präsident, dem besonders bei seiner Wahl in der rührendsten Weise die idealsten väterlichen Eigenschaften zugeschrieben werden. Daß Nixon zum Beispiel log, daß Kennedy – wie man schon zu seinen Lebzeiten munkelte – dem schönen Geschlecht sehr zugetan war – Dutzende solcher großer und kleiner Skandale würden uns zynische Europäer kaum aus der Fassung bringen. Wir halten derlei jederzeit für möglich, sehen in diesen Entgleisungen bestenfalls ein Symptom der allzu menschlichen Natur unserer Demokratien und in der früher oder später (meist später) eintretenden Bereinigung dieser Skandale doch wenigstens den tröstlichen Beweis für die Regenerationsfähigkeit unserer Gesellschaft. Nicht so der Amerikaner. Die Entdeckung der moralischen Hinfälligkeit oder auch nur der menschlichen Schwächen des superväterlichen Präsidenten ist für ihn anscheinend ebenso traumatisch wie (zumindest laut psychoanalytischer Theorie) das Trauma des Kindes, das seinen Vater beim Geschlechtsverkehr mit der Mutter überrascht. Doch während sich die psychoanalytische Urszene meist nur einmal ergibt, wiederholt sich diese politische Urszene alle vier Jahre.

Mit dem leibhaftigen Vater verhält es sich ganz anders. Zu Beginn seiner klassischen Abhandlung *The American People* analysiert der britische Anthropologe Geoffrey Gorer das typisch amerikanische Phänomen der Verwerfung des Vaters und führt es auf die Notwendigkeit zurück, mit der praktisch jeder der 30 Millionen Europäer fertig zu werden hatte, die zwischen 1860 und 1930 in die USA einwanderten – nämlich die Notwendigkeit, sich möglichst rasch der »Friß, Vogel, oder stirb«-Situation der Neuen Welt anzupassen. Je erfolgreicher aber der Vater seine (meist erst in Amerika geborenen) Kinder zu »wirklichen« Amerikanern machte, desto mehr machte er sich selbst zu einem Inbegriff der Ablehnung und des Spottes. Seine Traditionen, seine mangelhafte Beherrschung der Sprache und vor allem seine Werte wurden zu einer Quelle gesellschaftlicher Peinlichkeit für die jüngere Generation – der dann prompt von ihren eigenen Kindern Ähnliches widerfuhr.

Hand in Hand mit dieser Verwerfung des Vaters als einer Verkörperung des Alten, Überholten geht die Überschätzung des Neuen und daher der Jugend. Der 30. Geburtstag ist jener panische Zeitpunkt, an dem man über Nacht alt wird und nun zum alten Eisen gehört – vom 40. will ich lieber ganz schweigen. Ähnlich verhält es sich mit dem Neuen, irgendeinem Neuen, das seiner Neuheit wegen gut sein *muß*, und wenn es auch nur aus der historischen Mottenkiste kommt. Doch vom Bestehen dieser Kiste zu wissen, oder gar

... ich fühl mich so UNFREI

ihren Inhalt zu kennen, wäre unerträglich, denn dann würde es sich ja herausstellen, daß es nichts Neues unter der Sonne gibt. *»New, improved«* schreit es Ihnen von den Verpackungen der Ware in den Supermärkten entgegen, auch wenn – wie zum Beispiel beim Mehl oder beim Aspirin – mit Sicherheit angenommen werden kann, daß es sich um dasselbe Produkt wie seit eh und je handelt. Und der neue Jahrgang eines Wagentyps muß wenigstens einen neuen Chromschnörkel haben; die Bauweise, auf die es schließlich ankommt, mag aber seit Jahren dieselbe sein.

Zu der utopischen Zukunftserwartung und der Verwerfung des Alten gesellt sich als weiteres Element die schon erwähnte Gleichschaltung, die Erziehung zur Kollektivität. Das glücktriefende Neue wird natürlich allen zu gleichen Anteilen gehören; individuelle Extratouren kann es da nicht geben. Vom Kindergarten an wird dem Amerikaner eingeprägt, daß er Teil einer Gruppe ist und daß die Werte, das Verhalten und das

Wohl der Gruppe maßgebend sind. Andersdenken ist verwerflich, Anderssein erst recht. Die Lehrer sprechen ihre Schüler als konformes Kollektiv an, nämlich mit dem Wort *class*: *»Class, you will now write a composition about . . .«* – und das amorphe Wesen, die Schulklasse, beginnt, einen Aufsatz zu schreiben. Während es für den Europäer eine Beleidigung ist, ein Dutzendmensch genannt zu werden, hat der Amerikaner eine große Angst davor, von der Gruppennorm abzuweichen. Anderssein bedeutet Ausstoßung aus der Gruppe, bedeutet Ächtung. Daher vermutlich auch seine ausgesprochene Abneigung dagegen, allein im Restaurant zu sitzen, denn dies bedeutet, daß ihn niemand liebt.

Für den weniger empfindsamen Ausländer hat das gewisse Vorteile, auf die bereits Einstein 1933 in einem Brief an die Königin Elisabeth von Belgien verwies:

Princeton ist ein wundervolles Stückchen Erde und dabei ein ungemein drolliges, zeremonielles Krähwinkel winziger stelzbeiniger Halbgötter. Man kann sich aber durch Verstoßen gegen den guten Ton eine schöne Ungestörtheit verschaffen; dies tue ich. Die Menschen, welche die sogenannte Gesellschaft bilden, sind hier noch weit unfreier als in Europa. Es scheint aber, daß sie es nicht empfinden, weil die Lebensform die Entwicklung der Persönlichkeit von Jugend an unterbindet.

Die Sehnsucht nach allgemein ratifizierten Entscheidungen, nach Einordnung und Anerkennung, ist vielleicht auch einer der Gründe für das Entstehen militanter, chiliastischer Kulte wie *Synanon*, die »*Moonies*«, die *Church of Scientology* (obwohl importiert), ganz zu schweigen von den Ereignissen im *People's Temple* im guyanischen Urwald, die im November 1978 die Weltöffentlichkeit entsetzten.

Denn selbst wo gegen den Konformismus Sturm gelaufen wird, geschieht es im Rahmen eines Metakonformismus: Auch die Rebellion der Jugend ist in ihrem Nichtkonformismus starr konform. Daher wohl die Begeisterung für die allumfassende Reglementierung etwa in Nord-Korea, von der als Befreiung geschwärmt wird. Gleichheit, Gleichheit über alles ...

Aber die Gleichheit hat ihre subtilen und auch nicht so subtilen Tücken, und wer es nicht glauben will, der lese das Kapitel »Das Schlagwort ›Gleichheit‹ und die Gründe seiner Explosivität« in Wolf Schneiders Buch *Wörter machen Leute*. Dort wird ihm auch die hoffnungslos paradoxe Natur der Gleichheit vor Augen geführt, die, wo sie zum Programm gemacht und allgemeinverpflichtend aufgezwungen wird, Ungleichheit und Ungerechtigkeit erzeugt.

In den Staaten, wo, wie erwähnt, die praktischen Gegebenheiten im Bedarfsfall viel eher den Idealen geopfert werden als in Europa, wird es einem klar, wie sehr Gleichheit eben zur Konformität der Ideale und Werte verpflichtet und wie diese dadurch noch wirklichkeitsfremder werden, als sie es meist ohnedies schon sind. *»School is fun«* (Schulegehen macht Spaß) wird den amerikanischen Kindern seit Generationen eingebleut; und wem es nicht so vorkommt, dem wird nicht Realismus und eigenständiges Denken attestiert, sondern mit dem stimmt etwas nicht. Und wem lange genug vorgehalten wird, daß mit ihm etwas nicht stimmt, der glaubt es schließlich selbst. Sich den Teufel um Sport zu kümmern gilt zumindest als unmännlich, wenn nicht geradezu unpatriotisch. Und, apropos Patriotismus: Den Europäer, dem noch der ganze Schrecken flatternder Fahnen volksverbundener Fahrt ins finstere Chaos in den Knochen steckt, fröstelt es etwas, wenn er den amerikanischen Fahnenklamauk entdeckt. Statt dem Konterfei des schnurr-, spitz- oder vollbärtigen Volksbeglückers an der Wand, findet sich in jedem besseren Amtsraum, Klassenzimmer sowie Kirche die Fahne in der Ecke. Ihr leistete man, ob Schulkind oder Generaldirektor, bis vor einigen Jahren täglich erneut den Treueschwur. Zu feierlichen Anlässen wird sie spazierengeführt, wobei eine für den Ausländer befremdlich-belustigende Erotisierung zutage tritt: Der Fahne folgt oft eine Ehrengarde leichtgeschürzter, hochbusiger Mädchen, *majorettes* genannt, in strampelndem Gleichschritt. Im Paris kam es einmal zu einer kleineren Bestürzung, als die *majorettes* der Lake Howell High School aus der Stadt Orlando in Florida mit Fahne und Musikkapelle auf den Champs-Élysées marschieren wollten. Die Franzosen, die, wie sich vermutlich zum Erstaunen der amerikanischen Organisatoren herausstellte, doch nicht *toujours l'amour* im Sinne haben, kriegten den Zusammenhang zwischen Fahnen, dem Grab des Unbekannten Soldaten und langen, seidigen, gestiefelten Mädchenbeinen nicht mit, und die für amerikanische Begriffe durchaus koschere Heldenehrung konnte in dieser Form nicht stattfinden.

Doch ich schweife schon wieder ab. Die Folgen der Hochachtung für das Kollektiv werden Ihnen besonders dann auffallen, wenn Sie Vergleiche darüber anstellen, wie der Amerikaner im Gegensatz zum Europäer mit einem unerwünschten Zustand fertig zu werden versucht. In seinem, dem Amerikaner zynisch und nihilistisch erscheinenden Mißtrauen an der Verbesserungsfähigkeit der Welt neigt der Europäer dazu, Privatlösungen anzustreben, Hindernisse irgendwie zu umgehen, Hintertürchen zu benützen und ihr Bestehen nur ja nicht an die große Glocke zu hängen. Dieses Vorgehen ist für den Amerikaner auch dann unannehmbar, wenn es, ohne jemandem zu schaden, zu vollem Erfolg führen könnte. Und daher seine Besessenheit mit der Bildung von Ausschüssen aller Art selbst dann, wenn eine rasche, einfache, individuelle Entscheidung durchaus möglich wäre. Von dieser Komiteesucht des Amerikaners werden Sie, lieber Leser, bald ein Lied zu singen wissen, wenn Sie als Geschäftsmann, Experte, Wissenschaftler oder dergleichen zur Erreichung eines bestimmten Zweckes in die USA kamen. Man sitzt, man debattiert, die Berge kreißen, und es wird nicht einmal eine Maus geboren, sondern der Ausschuß wird auf einen neuen Termin vertagt.

Denn für den Amerikaner muß jede Lösung öffentlich und allgemeinverbindlich sein. Er agiert, propagiert, legt seine Seele bloß und gibt sich nicht zufrieden, bis ihm das Kollektiv seine volle Zustimmung und Anerkennung erteilt.* Zaunlos und mit riesigen, der Straße zugewandten Fenstern wie seine Häuser ist auch seine Psyche. Jeder soll sehen, was in ihm vorgeht, soll es bewundern und billigen und soll vor allem

---

* Zum Beispiel: Im Januar 1979 wurde der Fall des 26jährigen Feuerwehrfräuleins (oder sollte es auf deutsch Feuerwehrmännin heißen?) Linda Eaton in Iowa City zum Gegenstand landesweiter, leidenschaftlicher Anteilnahme und Auseinandersetzung, als die Stadtverwaltung es ihr verbieten wollte, ihrem 4½ Monate alten Söhnchen in der Feuerwehrstation die Brust zu reichen. Wie sich unschwer denken läßt, bestand im Dienstreglement noch keine eindeutige Regel für diesen Spezialfall, außer daß es den Feuerwehrleuten in Iowa City generell verboten ist, »regelmäßige Familienbesuche« in den Dienststunden zu erhalten. Fräulein Eatons Bild, Feuerwehrmütze auf dem Kopf und wehmütigen Auges, ging mit genauer Beschreibung der Problematik durch den amerikanischen Blätterwald. Ihre Klage ($ 940 800 für Geschlechtsdiskriminierung) wurde nach langen Verhandlungen im Februar 1984 abgewiesen. – Anfang Dezember jeden Jahres entfacht sich ein und dieselbe Kontroverse darüber, ob das Aufstellen von Christbäumen und das Absingen von Weihnachtsliedern in den öffentlichen Schulen die religiösen Bürgerrechte der nichtchristlichen Schüler verletzt. Ein salomonisches Urteil über dieses brennende Problem steht meines Wissens noch aus.

das beruhigende Gefühl haben, daß ihm nichts vorenthalten wird. Daher die weit offenen Bürotüren, daher die Angst vor der Stille, von der man ja nicht weiß, was sie verbirgt. Die oft erwähnte, gesprächige Leutseligkeit des Amerikaners dürfte eher auf die für ihn ominöse Bedeutung des Schweigens als auf sein Interesse am Mitmenschen zurückzuführen sein. Im Flugzeug, an der Theke einer Bar oder eines Schnellrestaurants zu sitzen, ohne mit dem wildfremden Nachbarn ein Gespräch zu pflegen, verursacht ihm offensichtlich Unbehagen. Das schweigende Anblicken eines Fremden, das den Bruchteil einer Sekunde länger dauert, als es die unbewußten gesellschaftlichen Regeln gestatten, führt in jenem fast unweigerlich zu einem (vom Europäer leicht mißverstandenen) Nikken oder Lächeln, und nicht etwa zu Mißtrauen oder besonderer Zurückhaltung. Versuchen Sie das nur einmal selbst. Sie werden, lieber Leser, sogar feststellen können, daß Schweigen selbst in der Herrentoilette verpönt ist. An der Wand stehend und sein Geschäft verrichtend wird der Amerikaner immer noch dazu neigen, ein paar freundliche, belanglose Worte an Sie zu richten.

Anthropologen, vor allem Bateson und Mead, führen diese Haltung auf die sehr verschiedene Rolle des Kindes in der typisch amerikanischen im Gegensatz, zum Beispiel, zur typisch englischen Familie zurück. Sie weisen nach, daß amerikanische Eltern ihren Kindern gegenüber eine Zuschauerrolle einnehmen und, eben als Zuschauer, erwünschtem Benehmen sozusagen applaudieren. Das amerikanische Kind befindet sich daher in einer gewissermaßen exhibitionistischen Rolle: Es produziert sich, imponiert und lernt das gesellschaftlich akzeptable Verhalten am Beifall der Eltern. Im Gegensatz dazu sieht sich vor allem der englische Vater als Vorbild, das heißt, *er* ist der Agierende und vermittelt so dem (zuschauenden) Kinde die Richtlinien für gesellschaftlich richtiges Verhalten. Eine der bekanntesten Regeln englischer Erziehung, *»Children should be seen but not heard«*, hat in Amerika praktisch keine Bedeutung.

Diese etwas trockenen Überlegungen sind für Sie dann von sehr praktischer Bedeutung, wenn Sie Amerikanern gegenüber einen Standpunkt zu vertreten haben – sei es als Repräsentant Ihrer Firma, als diplomatischer Vertreter Ihres Landes, Mitglied einer Kommission oder vor allem als Vortragender. Als Europäer werden Sie sich fast sicher und ganz unbewußt in der führenden, aktiven, belehrenden Rolle sehen und Ihre Zuhörer als die (passiven) Empfänger Ihrer Information. Sie werden ferner dazu neigen, die Form dieser Informationsvermittlung nach eigenem besten Gutdünken zu gestalten. Was Ihnen dabei aber wahrscheinlich völlig entgeht, ist die Tatsache, daß die Amerikaner in Ihrem Benehmen keineswegs Ihre vermeintlich so klare, gute Absicht sehen, Ihren Standpunkt verständlich und objektiv darzulegen. Für Ihre Zuhörer ist Ihr Verhalten viel eher ein nicht sehr schmeichelhafter Kommentar über sie selbst und ein Ausdruck »typisch europäischer« Schulmeisterei und Arroganz. Denn in (ebenso unbewußter) amerikanischer Sicht ist es die Rolle eines Vortragenden (wie des Kindes), sich von seiner Zuhörerschaft bestätigen und ratifizieren zu lassen.

Umgekehrt sieht der Europäer in eben dieser amerikanischen Haltung eine Art Aufschneiderei, ein Prahlen oder auch die naive Forderung nach uneingeschränkter Anerkennung und Bewunderung. Was wir nämlich schwerlich begreifen, ist, daß der Amerikaner diese Haltung nur jenen Personen gegenüber einnimmt, die ihm sympathisch sind, die er respektiert und an deren Anerkennung ihm daher gelegen ist.

Kein Wunder übrigens, daß sich die therapeutischen *encounter groups* (Selbsterfahrungsgruppen) in den USA solcher Beliebtheit erfreuen. Man setzt sich zusammen, man legt los, man ist brutal »ehrlich«, und das Ganze wird für therapeutisch gehalten – und ist es vielleicht auch, da man sich mit etwas Glück und öffentlicher Selbstkritik schließlich von der Gruppe seiner Sünden oder Symptome freigesprochen fühlt. Aber eben, neu scheint diese Prozedur nicht zu sein, nur wiederentdeckt. Denn schon 1938 beschrieb der französische Journalist Raoul de Roussy de Sales in seinem Essay *Love in America* diesen Kult der »verheerenden Offenheit«:

»Ehepaare scheinen viele unwiederbringliche Tages- und Nachtstunden mit der Besprechung dessen zu verbringen, was an ihrer Beziehung nicht stimmt. Sie gehen von der Überzeugung aus, daß man – laut den Lehren der meisten modernen Psychologen und Pädagogen – der Wahrheit furchtlos die Stirn bieten müsse. [...] Das ist eine schöne Theorie, aber sie wird nur selten ohne verhängnisvolle Folgen in die Praxis umgesetzt. Es bestehen dafür mehrere Gründe. Erstens ist die Wahrheit ein Sprengstoff, der, vor allem im Eheleben, mit Vorsicht gehandhabt werden sollte. Es ist nicht notwendig zu lügen, aber es hat wenig Zweck, mit Handgranaten zu jonglieren, nur um zu beweisen, wie furchtlos man ist. Zweitens setzt die Theorie der absoluten Aufrichtigkeit voraus, daß Liebe, die dauerndem Beschuß nicht standhält, ohnehin nicht der Pflege wert sei. Es gibt eben Leute, die sich ihr Liebesleben als dauernde Schlacht von Verdun vorstellen. Und wenn einmal das Verteidigungssystem rettungslos beschädigt ist, wird die Anschuldigung hoffnungsloser Unverträglichkeit von einem oder auch von beiden Partnern erhoben. Als nächstes läßt man sich dann scheiden und sucht sich jemand anders, mit dem man wieder eine Saison lang rücksichtslos aufrichtig ist.«

Dieser Kult der rücksichtslosen Offenheit, im Verein mit dem schon erwähnten Bedürfnis nach Ratifizierung der eigenen Entschlüsse durch das Kollektiv, durch die Gesellschaft, dürfte zumindest einer der Gründe für die häufige Inanspruchnahme der Gerichte nicht nur für Scheidungen, sondern für viele Konflikte sein, die in Europa kaum vor den Richter kämen. Die Geldstrafe von mindestens sechs Dollar (manchmal auch viel mehr) für falsches Parken, zum Beispiel, die übrigens technisch nicht als Strafe, sondern als verfallene Kaution gilt, kann jederzeit vor einem Geschworenengericht angefochten werden. Daß der eventuelle Sieg der Gerechtigkeit dem Kläger statt den sechs Dollar des Strafmandats zwölfhundert Dollar an Anwaltsspesen kosten mag, scheint ihm die Sache wert. »Die Amerikaner ganz allgemein, und die Kalifornier im besonderen, sind die streitsüchtigsten Leute auf Erden«, stellte der Rechtsberater des Gouverneurs von Kalifornien schon 1977 fest – und der muß es ja wissen. Die Anzahl der Rechtsanwälte in den Vereinigten Staaten dürfte heute bereits bei weit über einer Million liegen. Kein Wunder, wenn bei dieser Konkurrenz die Neigung besteht, aber auch jede Lappalie vor Gericht zu zerren und möglichst breitzutreten. So werden zum Beispiel im verhältnismäßig kleinen San Francisco *täglich* einhundert neue Zivilklagen eingereicht. Kein Wunder auch, wenn in dieser Flut von Bagatellen der wirklich sensationelle Prozeß, vor allem seine ausführliche Bericht- und Bilderstattung in Zeitung und Fernsehen, dem schon erwähnten Bedürfnis nach öffentlichem Ruhm entge-

genkommt. Der Starverteidiger, der den Belastungs-
zeugen besonders geschickt verwirrt und einschüch-
tert und womöglich schließlich beweist, daß der Täter
das wahre Opfer ist, gesellt sich in der modernen My-
thologie zum Stardetektiv, dem Starchirurgen und
dem Starcowboy. Verbrechen muß Klasse haben, der
kleine, erfolglose Gauner ist eine jämmerliche Figur.
Sollten Sie sich, lieber Leser, mit der wirklich nicht
empfehlenswerten Absicht tragen, in Amerika ein
Verbrechen zu verüben, dann muß ich Ihnen schweren Herzens zu einem wahrhaft sensationellen Delikt
raten. Denn erstens sind Sie dann »jemand«, Sie stehen
im Scheinwerferlicht der Massenmedien; und zweitens wird Ihr Anwalt keine große Mühe haben, die
Einstellung des Verfahrens gegen Sie deswegen zu be-
antragen, weil es nun unmöglich ist, eine unbefangene
Jury zusammenzustellen. Die Geschworenen müssen
nämlich Leute sein, die von Ihrer Tat noch überhaupt
nicht gehört haben sollten. Ein nicht weniger ausge-
zeichnetes Argument zu Ihrer Verteidigung ist es auch,
zu behaupten, Sie hätten nach Verübung der Tat solche Angst vor ihren Folgen gehabt, daß Sie aus dieser
Angst heraus eine Reihe weiterer Straftaten verübten.
Das erste Verbrechen wird somit zur Entschuldigung
für die nächsten – eine rabulistische Logik, ganz ähnlich der, die dem schon erwähnten Werbeslogan *nationally advertised* zugrunde liegt: Die Tatsache, daß für
etwas landesweiter Klamauk gemacht wird, wird *selbst*
als zusätzlicher Beweis für die Güte des Angepriesenen

hingestellt. – Sehr beliebt ist im Strafrechtswesen auch das sogenannte *plea bargaining* (das Aushandeln der Schuld), das auf einen ganz unverblümten Kuhhandel zwischen Verteidiger und Staatsanwalt hinausläuft, auf Grund dessen sich der Angeklagte zu einem geringeren Anklagepunkt (z.B. unerlaubtem Waffenbesitz) für schuldig erklärt und der Staatsanwalt als »Gegenleistung« die schwerwiegendere Anklage (z. B. Nötigung), deren Nachweis ihm eine Menge zusätzliche Arbeit verursacht hätte, fallenläßt.

Doch all dies ist relativ harmlos. Der Brennpunkt der folgenschwersten und bittersten Mißverständnisse zwischen der Alten und der Neuen Welt liegt anderswo. Es fällt dem Europäer nämlich schwer, sich das Ausmaß des geradezu kindlichen amerikanischen Glaubens an Ideale und vor allem an die Verwirklichbarkeit von Idealen vorzustellen. In seiner Abgebrühtheit kann er in dieser Haltung nicht Unschuld, sondern nur besondere Geriebenheit sehen. Ein geradezu tragikomisches Beispiel dafür ist die Perplexität der europäischen Öffentlichkeit über die Politik der Regierungen Carter oder Reagan. Die Widersprüche, abrupten Frontwechsel und anderen *salti mortali* vor allem in der Außenpolitik, die zumindest im Falle Carter die unvermeidlichen Pannen eines reinen Toren waren, der sich bemühte, es allen Menschen recht zu tun – oder es wenigstens versprach –, und damit in die unseligen Fußstapfen seines Vorgängers Woodrow Wilson zu treten drohte, scheinen (uns verblüfften

Europäern) zunächst jeweils die Oberflächenmanife-
stationen eines raffiniert ausgeklügelten, meisterhaft
neuen Konzepts der betreffenden neugewählten Regierung. Dabei sollten wir Zeitgenossen Wilsons,
Roosevelts und Nixons doch wirklich schon wissen:
Plus ça change, plus c'est la même chose.

Aber eben, was ist diese *même chose*? Zur Beantwor-
tung dieser Frage fällt mir kein besserer Hinweis ein als
Graham Greenes bekannter Roman *Der stille Amerikaner.* Allein schon die Heftigkeit, mit der dieses Buch in
den Staaten verworfen wurde, während unzählige
wirklich antiamerikanische Machwerke mit berech-
tigtem Achselzucken quittiert werden, legt den Ver-
dacht nahe, daß es einen empfindlichen Nerv traf.
Denn antiamerikanisch ist der Roman nicht – im Gegenteil: Während der junge Held, Alden Pyle, uns als
reiner, Parzival-ähnlicher Idealist vorgestellt wird, ver-
körpert sein Gegenspieler, der englische Journalist
Thomas Fowler, mit seiner zynischen Abgebrühtheit
und Illusionslosigkeit grundsätzlich das, was der Amerikaner am Europäer am entschiedensten ablehnt. 1955
veröffentlicht, spielt der Roman im Rahmen der historischen Auseinandersetzung zwischen der französischen Kolonialmacht und dem Vietminh und entwirft
in einer fast prophetischen Vorwegnahme – die einen
an George Orwells *Neunzehnhundertvierundachtzig* ge-
mahnt – das spätere Vietnam-Debakel der Vereinigten
Staaten.

Wie gesagt, Pyle ist ein reiner Tor. Den Kopf voll

der an der Harvard-Universität erlernten, endgültigen Wahrheiten, das unschuldige Herz voll utopischem Tatendrang und tierischem Ernst, kommt er – offiziell im Auftrag der *Economic Aid Mission*, tatsächlich als Indochina-»Experte« des amerikanischen Geheimdienstes – nach Saigon. Saigon, der grelle Schnittpunkt übermächtiger historischer, kultureller, religiöser, politischer und strategischer Kräfte, könnte, was Pyle betrifft, genausogut auf einem anderen Planeten liegen als seine Alma Mater und ihre Weisheit. Das aber weiß Pyle – und mit ihm alle anderen »stillen Amerikaner«, für deren Wirklichkeit er fiktiver Stellvertreter ist – nicht und kann es sich nicht zu wissen leisten. Denn für ihn ist die Idee wirklicher als die Tatsache. Fowler sagt von ihm: »Er verrennt sich in eine Idee und ändert dann jede Situation so, daß sie in die Idee paßt.« Aber Saigon, jene Stadt, für deren feminine Sinnlichkeit allein schon dem jungen Puritaner jede Erfassungsmöglichkeit fehlt, ist der unwahrscheinlichste Ort auf Erden, der eines Parzivals bedarf oder auch nur Raum für einen hätte. Rückblickend stellt der in den byzantinischen Verschachtelungen indochinesischer Intrigen nur zu bewanderte Fowler fest, daß er zuerst den Impuls hatte, Pyle zu beschützen, und erst viel später begriff, daß er, Fowler, selbst des Schutzes bedurfte. »Unschuld ruft immer stumm nach unserem Schutz, doch wieviel weiser wäre es, uns selbst vor ihr in acht zu nehmen; Unschuld ist wie ein stummer Aussätziger, der seine Glocke verloren hat und durch die Welt zieht, das Herz ohne böse Absicht.« Die Diagnose, die Fowler schließlich zu stellen gezwungen ist und die seine Therapie bedingt (wodurch Pyle zu einem wirklich »stillen« Amerikaner wird), lautet auf Unheilbarkeit: »Was hat es für einen Zweck? Er wird immer unschuldig sein, und die Unschuldigen kann man nicht anklagen; sie sind immer schuldlos.« Schuldlos ja, aber nicht harmlos – auch das hat Fowler endlich begriffen: »Gott schütze uns vor den Unschuldigen und den Guten – Unschuld ist eine Form von Wahnsinn.« Was nämlich Pyle so gemeingefährlich macht, ist seine Unfähigkeit, sowohl das Böse als auch das Leiden in anderen Menschen wahrzunehmen. Sein Wahn ist die Annahme, daß zukünftige Glückseligkeit gegenwärtiges Leiden rechtfertigt, daß, wo gehobelt wird, eben Späne fliegen, und vor allem, daß gute Absichten zu guten Ergebnissen führen *müssen*. »Manchmal wünsche ich, daß du wenigstens ein paar schlechte Absichten hättest«, sagt ihm Fowler an einer Stelle verbittert, »dann würdest du die Menschen ein wenig besser verstehen.«

Ist der Roman antiamerikanisch? Grundsätzlich bestimmt nicht, denn das Umkippen utopischer Zielsetzungen in Zustände krassester Unmenschlichkeit und Unfreiheit ist ein universales Symptom. Aber im Vergleich zur weltweiten Haßliteratur gegen Amerika mit ihren Verdrehungen, öden Schemata und Mißverständnissen trifft Greenes Buch wirklich einen wunden Punkt. Es ist die Ratlosigkeit des Amerikaners

darüber, wie Gutes einem nicht nur keine Liebe ein-
bringen, sondern zu bösen Folgen führen kann. Der
Engländer Fowler, der nicht »engagiert« ist, der keine
Lösungen hat, weil er an keine glaubt, der Antiheld, er
weiß es – Pyle hat nur blinde Gewißheit und daher
ratlose Fragen.

»Unser Wollen war hart und rein, die Menschen
sollten uns lieben. Aber sie hassen uns. Warum sind
wir hassenswert?

Wir brachten euch die Wahrheit, und sie klang in
unserem Munde wie die Lüge. Wir bringen euch
die Freiheit, und sie sieht in unseren Händen wie
die Peitsche aus. [...] Wir künden euch die wun-
derbare Zukunft, und unsere Verkündigung klingt
wie ein fades Gestotter und rohes Gebell.«

Das ist nicht mehr der *Stille Amerikaner*; Koestler
schrieb dies viele Jahre früher in seiner *Sonnenfinsternis*,
und er schrieb es über ein politisches System, das dem
amerikanischen anscheinend diametral gegenüber-
stand. Darin lag – bis vor wenigen Jahren – das wirklich Erschreckende. Die Frage, die sich damals aufdrängte, war: Was, wenn die beiden Riesen, zwischen
denen Europa sein impotentes Leben fristet, sich eines
Tages ihrer Ähnlichkeit bewußt werden, zum Beispiel
ihres Hin- und Hergerissenseins zwischen brutalem
Großmachtdenken und fadenscheinigen ethischen
oder ideologischen Verbrämungen? Die politischen

Ereignisse im Osten haben inzwischen – wenigstens vorläufig – einen anderen Verlauf genommen.

Ist Ihnen, lieber Leser, mit dem Gesagten das Wesen des Amerikaners verständlicher geworden? Ich bezweifle es, denn der Amerikaner ist all das, mehr als das und selbstverständlich auch nicht das. Der *Homo americanus* sollte Ihnen aus diesen Seiten entgegentreten; doch was schließlich aus der papierenen Retorte dieses Kapitels entstand, ist bestenfalls ein *Homunculus americanus*.

Epilog

Tutto il mondo è paese.

Reisen will gelernt sein. Die Kunst des Aufenthalts in der Fremde wird selten im Vaterhaus erlernt – im Gegenteil, die Lehren des Vaterhauses führen im späteren Leben meist nur zum Biertisch. Und Muttersprache, Mutterlaut, wie wonnesam, so traut – jaja, bloß welchen Preis sind Sie für diese Wonne zu zahlen bereit?

Wer daheim bleibt, hat – mit etwas Glück – Bier und Wonne. Wer reist, erfährt – wiederum etwas Glück vorausgesetzt, denn mancher erfährt's nie – zweierlei: Erstens, daß die Heimat *eine* Wirklichkeit ist, aber bei Gott nicht *die* Wirklichkeit; daß die Fremde in *ihrer* Weise genauso wirklich ist und von Menschen bewohnt, die ihrerseits glauben, ihre Wirklichkeit sei *die* Wirklichkeit. Und zweitens, damit eng zusammenhängend, daß erst von der Fremde her die eigene Wirklichkeit überhaupt erfaßbar wird. In einer Welt, in der alles blau ist, spekulierte der Sprachwissenschaftler Whorf einmal, kann sich niemand vorstel-

len, daß es Farben geben könnte. Um auch nur den Begriff der Farbe, geschweige denn eigentliche Farben zu erfassen, müßte man diese blaue Welt verlassen. Sie zu verlassen aber stellt den Reisenden vor eine Entscheidung, um die er nicht herumkommt. Entweder bringt er es fertig, der Wirklichkeit seines Ursprungs universale Gültigkeit zuzuschreiben und das Fremde dann notwendigerweise als falsch, lächerlich, dumm oder feindselig abzulehnen. Oder er begreift, daß seine Wirklichkeit eben nur *eine* von vielen möglichen ist und daß sie weder mehr noch weniger Anspruch darauf erheben kann, wirklicher als alle anderen zu sein.

Der Unterschied zwischen diesen beiden Weltanschauungen reicht weit über unser Thema hinaus. Es gibt keine endgültige Regel dafür, wie man mit Messer und Gabel umzugehen hat; der Schöpfer unserer Welt hat uns nicht mitgeteilt, ob der Daumen oder der

Zeigefinger die Zahl eins bedeuten soll; und ob das Neue oder das Alte höheren Wert besitzt, darüber läßt sich abstrakt in alle Ewigkeit streiten.

Das ist das Problem: Die Entscheidung, die der Reisende zu treffen hat, ist die grundsätzliche Wahl zwischen einer Weltanschauung, die auf der ehrwürdigen Illusion von *wahr* und *falsch* beruht, und einer, die die furchterregende Möglichkeit des *Andersseins* erträgt. Furchterregend, weil sich mit ihr die feste Ordnung der Welt scheinbar zersetzt und auflöst und nur Skeptizismus und Nihilismus übrigbleiben.

Aber wenn wir die »Wahrheit« für uns selbst in Anspruch nehmen, werden wir das »Falsche« bestenfalls verlächerlichen, schlimmstenfalls ausrotten. (Und nun werden Sie es mir hoffentlich verzeihen, wenn ich in den Seiten dieses Buches so manches verlächerlichte, um schließlich zu diesem Epilog zu gelangen.)

Wenn wir aber die Welt jenseits des Biertisches nicht mehr als falsch, sondern als *anders* begreifen, ergibt sich etwas Paradoxes. Es erweist sich dann, daß, von Trivialitäten abgesehen, das Anderssein nicht mehr ins Gewicht fällt, daß wir alle Geschwister sind oder, wenn Sie es vorziehen, Geschöpfe Gottes.

Tutto il mondo è paese – die ganze Welt ist *ein* Dorf – sagt die Weisheit des italienischen Sprichworts.

Amerika – Traum oder nichts? Mit dieser Frage begann mein Brevier. Indem sie sich als falsche Frage herausstellt, hoffe ich, sie hiermit beantwortet zu haben.

Bereits erschienen:
Gebrauchsanweisung für...

Amerika von Paul Watzlawick ■ **Amsterdam** von Siggi Weidemann ■ **Barcelona** von Merten Worthmann ■ **Bayern** von Bruno Jonas ■ **Berlin** von Jakob Hein ■ **die Bretagne** von Jochen Schmidt ■ **Brüssel und Flandern** von Siggi Weidemann ■ **China** von Kai Strittmatter ■ **Deutschland** von Maxim Gorski ■ **Dresden** von Christine von Brühl ■ **die Eifel** von Jacques Berndorf ■ **das Elsaß** von Rainer Stephan ■ **England** von Heinz Ohff ■ **Frankreich** von Johannes Willms ■ **den Gardasee** von Rainer Stephan ■ **Genua und die Italienische Riviera** von Dorette Deutsch ■ **Griechenland** von Martin Pristl ■ **Hamburg** von Stefan Beuse ■ **Indien** von Ilija Trojanow ■ **Irland** von Ralf Sotscheck ■ **Italien** von Henning Klüver ■ **Japan** von Gerhard Dambmann ■ **Kalifornien** von Heinrich Wefing ■ **Katalonien** von Michael Ebmeyer ■ **Köln** von Reinhold Neven Du Mont ■ **Leipzig** von Bernd-Lutz Lange ■ **London** von Ronald Reng ■ **München** von Thomas Grasberger ■ **Moskau** von Matthias Schepp ■ **Neapel und die Amalfi-Küste** von Carmen Morese ■ **New York** von Verena Lueken ■ **Niederbayern** von Teja Fiedler ■ **Nizza und die Côte d'Azur** von Jens Rosteck ■ **Norwegen** von Ebba D. Drolshagen ■ **Österreich** von Heinrich Steinfest ■ **Paris** von Edmund White ■ **Polen** von Radek Knapp ■ **Portugal** von Eckhart Nickel ■ **Rom** von Birgit Schönau ■ **das Ruhrgebiet** von Peter Erik Hillenbach ■ **Salzburg und das Salzburger Land** von Adrian Seidelbast ■ **Schottland** von Heinz Ohff ■ **Schwaben** von Anton Hunger ■ **Schweden** von Antje Rávic Strubel ■ **die Schweiz** von Thomas Küng ■ **Sizilien** von Constanze Neumann ■ **Spanien** von Paul Ingendaay ■ **Südfrankreich** von Birgit Vanderbeke ■ **Südtirol** von Reinhold Messner ■ **Tibet** von Uli Franz ■ **die Toskana** von Barbara Bronnen ■ **Tschechien und Prag** von Jiří Gruša ■ **die Türkei** von Iris Alanyali ■ **Umbrien** von Patricia Clough ■ **die USA** von Adriano Sack ■ **Venedig** von Dorette Deutsch ■ **Wien** von Monika Czernin